怪異を語る

伝承と創作のあいだで

喜多崎親［編］

京極夏彦
常光徹
東雅夫
太田晋
喜多崎親

成城学園創立100周年
成城大学文芸学部創設60周年記念シンポジウム報告書

三元社

怪異を語る◆目次

まえがき

成城大学文芸学部は、一九五四年に設立され、二〇一四年に創立六〇周年を迎えました。それを記念して、文芸学部ではさまざまなシンポジウムや講演を行っています。シンポジウム「怪異を語る」もその一つとして企画されたものです。

近年、文芸における怪談ブーム、ポピュラー・カルチャーにおける妖怪ブームなどを背景に、「怪異」は特定のジャンルに留まらない注目を集め、さまざまな影響を及ぼすようになっています。学術研究においても、民俗学はもちろん、歴史学や宗教学でも「怪異」についての研究が蓄積されつつあります。小松和彦さんの研究会や怪異学会の活動、幽霊や妖怪に関わる展覧会などは、ご存じの方も多いと思います。しかしそれらの中であまり扱われていない問題として、語り方、つまりnarratologyの問題があるように思います。民間伝承からさまざまな創作までのあいだで、怪異とはいかに語られるのか。
「怪異」の定義は歴史的にいろいろと難しいところがありますが、今回のシンポジウムでは、ひとまず幽霊や妖怪の出現に代表されるような、不思議で恐ろしい現象を指すこととし、それについて「語ること」、つまり様々な表象の試みについて、創作、批評、民俗学研究、文学研究、美術史研究など、異なる専門分野の人たちが集い、それぞれの立場からこの問題を考えることで、「怪異の語られ方」についてアプローチを試みたいと思います。

喜多崎 親

シンポジウム「怪異を語る」概要

日時　二〇一五年一一月二一日（土）一四時〜一八時

会場　成城大学　〇〇七教室

主催　成城大学文芸学部

パネラー　京極 夏彦（小説家・意匠家）

常光 徹（国立歴史民俗博物館名誉教授・民俗学）

東 雅夫（アンソロジスト・文芸評論家）

太田 晋（成城大学法学部教授・英文学）

喜多崎 親（成城大学文芸学部教授・美術史）

司会　佐藤 光重（成城大学文芸学部准教授・米文学）

怪異を語る

百物語の歴史・形式・手法・可能性について

東 雅夫

私に与えられました演題は、「百物語の歴史・形式・手法・可能性について」という遠大なテーマでございます。これを二〇分間でお話しするのはとても無理、二〇〇分あっても足りないかなと思いますので、必要最小限のことだけ申し上げるようにしたいと思います。そこで「日本『百物語』年表」というものを用意いたしました（本書巻末に収録）。特に歴史面に関しては、こちらを後ほどご覧いただくと概要は把握できるかと思いますので、その辺りは端折《はしょ》って、ごくごく簡単に申し上げたいと思います。

そもそも百物語という言葉は、最近は実際にイベントとして催行されたり、それがまたインターネットなどで話題になったりしていて、お化けや怪談に関心のある方々はよく耳にされることがあるのではないかと思います。具体的にどういうものかということを、お手元の年表をご覧いただきながら説明していきたいと思います。寛文六（一六六六）年、江戸時代も初期のこの年に、浅井了意という人の『伽婢子《おとぎぼうこ》』という怪談小説集が刊行されています。これは、『剪燈新話《せんとうしんわ》』などの中国の志怪書つまり怪談本に所収の物語を、舞台や人物を日本に移し替えて翻案した作品です。いわゆる日本の怪異小説、怪奇小説と言われるものの源流、原点になるような優れた作品集です。この『伽婢子』の末尾に通称「怪を語れば怪至る」という百物語をテーマにした話が収められています。つまり百物語小説ですが、その中に百物語の法式を説明した部分があります。ここには、私が現代語訳したものを載せました。

百物語には法式がある。月の暗い夜、行燈に火をともすのだ。その行燈には青い紙を貼って、百筋の灯心をともし、ひとつ物語を終えるごとに灯心を一筋ずつ引き去ってゆくと、座中が次第に暗くなり、青い紙の色が様変わりして、なんとなく物凄くなってゆく。それでもなお語り続ければ、必ず怪しい事、怖ろしい事が出来《しゅったい》するのだそうな。

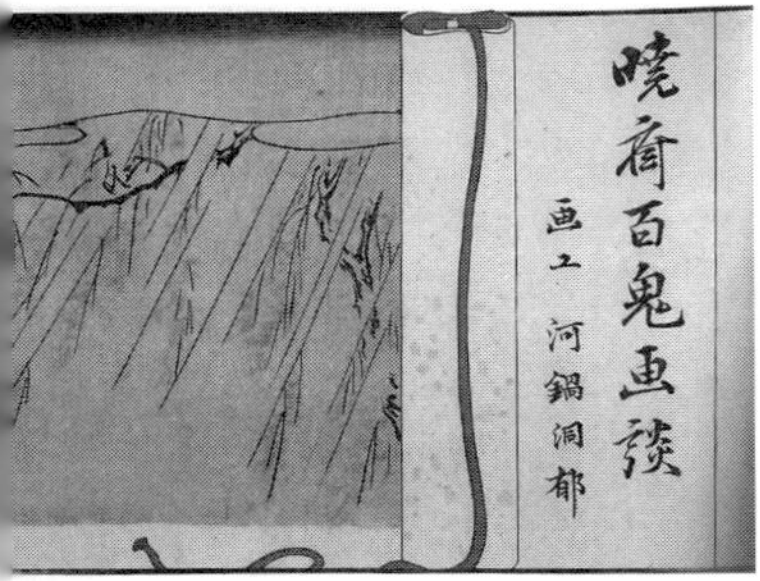

つまり、これが百物語というものの基本的な、一般的によく知られている作法です。画面をご覧下さい【図1】。これは、『暁斎百鬼画談《きょうさいひゃっきがだん》』ですね。河鍋暁斎《かわなべきょうさい》は、美術に関心のある人ならよくご存知かと思いますが、特に妖怪画の分野で優れた作品をたくさん描いています。その『暁斎百鬼画談』の冒頭部分に、庶民が百物語に興じている様子が描かれております。柳に雨が降りしきる暗夜――これは百物語の典型的なシチュエーションですが――、人々が集《つど》っている。（ここでは行燈ではなく蠟燭なんですけれども。）次の場面を見ますと、男がひとり別の間へ行って、及び腰で何かしようとしています。何かというと、実はこちらで百筋の灯心をともしまして、一話を披露した男が、その灯心を一本、引き抜いている様子であります。

次に、これは『狂歌百鬼夜狂《きょうかひゃっきやきょう》』【図2】という、やはり江戸時代の狂歌の本ですが、百物語形式で化け物を題材にした狂歌を詠むという、江戸の怪談・妖怪ブームを象徴するような、粋人

【図1】
河鍋暁斎『暁斎百鬼画談』（冒頭部分）
明治22（1889）年

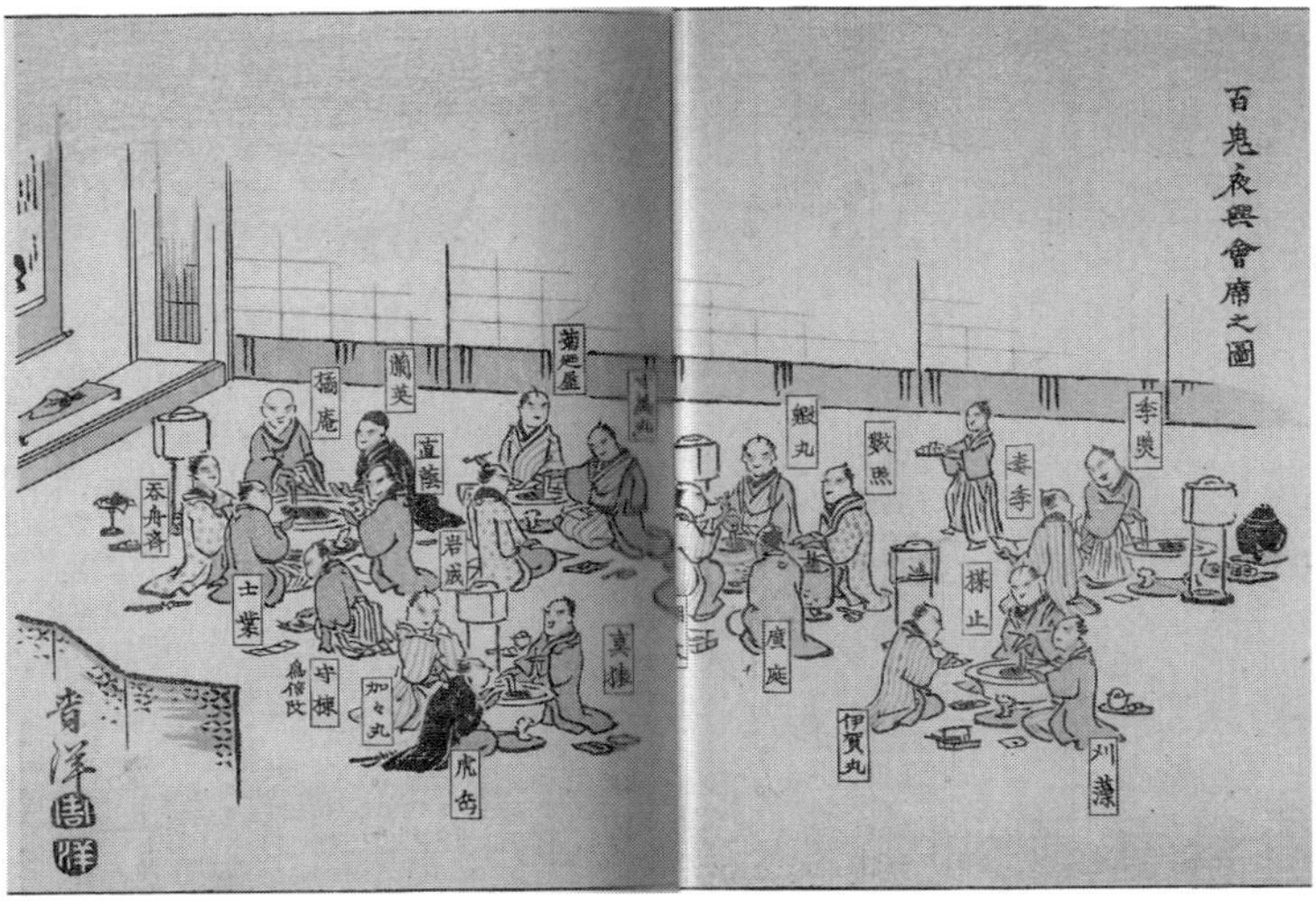

【図 2】
『狂歌百鬼夜狂』文政 3（1820）年

の遊びの様子ですね。ここまで洗練されると、胆だめしを兼ねて怖い話を語り合うという本来の趣旨からは離れてしまいますが。

こちらは、妖怪が好きな方ならよくご存知の『稲生物怪録《いのうもののけろく》』という、やはり江戸時代に広島県の三次というところで、少年侍のもとに、真夏の一カ月間、入れ替わり立ち替わりお化けが襲来するというお話の絵巻です【図3】。これは、その発端部で、稲生平太郎という少年が、隣家に住んでいる相撲取りと、禁断の魔所として知られている比熊山に夜中に行って、古塚の上で百物語をしている場面です。灯心に火をともして語り合っているでしょう。

百物語形式の怪談会は、江戸時代に盛んに

【図3】
『稲生物怪録絵巻』

行われたのですが、幕末から維新にかけては、さすがに世情騒乱のなかで、あるいは文明開化の風潮に圧《お》されて、こうした浮世離れした催しは下火になってしまいました。
それが、明治二〇年代に入って復活してまいります。先程の『暁斎百鬼画談』は明治二二（一八八九）年に刊行されていますが、その後、明治二六（一八九三）年一二月二五日、浅草奥山閣でやまと新聞社主・條野採菊が主催した百物語怪談会が開催されています。このときの参加者には、三遊亭円朝や尾上梅幸といった著名な噺家や歌舞伎役者をはじめ各界の文化人が名を連ねていました。そして、翌明治二七年一月四日から『やまと新聞』で「百物語」と銘打たれた連載が始まります。これは当時、大いに評判を呼んだようで、読者から反響が寄せられて、それが紙面で紹介されたりしております。今でしたらインターネット上で、双方向で怪談がやりとりされることは珍しくありませんが、まさに、そのはしりとなるようなバーチャルな怪談会が、すでにこの場で実現していたのです。それが話題を呼び、連載をまとめた『百物語』という単行本が七月に扶桑堂から刊行されます。これはとても綺麗な本で、色刷りの口絵なども収められています【図4】。ちなみに、小泉八雲に「狢《むじな》」という、有名なのっぺらぼうの怪談がありますが、あれは、この『百物語』に載っている御山苔松という人の話を再話した作品なのです。そういう意味で、これは当時の「お化け好き」な人たちの注目を集めた連載だったようです。この本は今、国書刊行会から『幕末明治百物語』として復刻されております。

この『百物語』という本に、おそらく非常に影響を受けたのではないかと思われる一人が、泉鏡花です。これは大正一二（一九二三）年の写真【図5】ですが、鏡花先生だいぶ疲れた顔をしています。実はこれ、井の頭公園の横にあった「翠紅亭《すいこうてい》」という料亭で百物語怪談会を催した翌朝、徹夜明けの鏡花が公園の池のほとりに佇んで呆然としている、という大変に珍しい写真なのです。「をくれ気《げ》や　おはぐろとんぼ　はらはらと」という、おそらく自作の俳句が添えられていますね。この夜の見聞をもとにして、鏡花はのちに「露萩」という百

【図 4】
『百物語』明治 27（1894）年
表紙と口絵

物語小説の佳品を書いています。

泉鏡花は、若くして小説家を志して金沢から上京、後に『金色夜叉』で絶大な人気を得る文豪・尾崎紅葉のもとに弟子入りして、作家修業を始めます。鏡花というとお化け話のイメージがありますが、とはいえさしもの鏡花も、デビュー当初から怪談、お化け物を書いていたわけではないのですね。というのは、江戸ッ子の紅葉は、お化けの話なんてのは野暮だと思っていたらしく、鏡花としても尊敬する師の求めるようなものを書こうとして、お化け好きの本性は作品には出していなかった。彼が最初にお化け小説というか怪談小説を手がけるのが、明治二七（一八九四）年です。『やまと新聞』での「百物語」の連載開始とまさに時を同じくして、その年の一〇月に「黒壁」というタイトルの百物語小説——これは残念ながら未完で二回連載で終わってしまったんですが——を発表しています。これが、鏡花が初めて怪談や妖怪をテーマに書いた作品ということになります。しかも、この作品は怪談会の席で、語り手であ

第一万二千八百

文壇カメラ行脚
（22）
泉鏡花氏

【図 5】
『都新聞』大正 12（1923）年
「文壇カメラ行脚（22）」

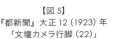

る「私」が、集まっている人々に丑の刻参りの恐怖談を物語るというスタイルで書かれている。つまり、鏡花の記念すべき怪談小説第一号は、百物語小説だったわけですね。彼が敢えてそのような設定の作品を手がけた理由としては、同じ年の一月に新聞連載で話題を呼び、夏には単行本として刊行された前述の『百物語』の影響が大きいのではないかと私は考えております。百物語や怪談会について何の説明も前置きもなしに語りだされている点からしても、『やまと新聞』の『百物語』の件が念頭にあったと考えるのが自然でしょう。

鏡花の百物語への関心は、『怪談会』【図6】というタイトルで明治四二（一九〇九）年に刊行された本にも明らかです。これは、鏡花とそのお仲間の人たち、いわゆる文人墨客、俳優、学者たちが怪談会を催したときのドキュメンタリーというべき怪談実話集なのです。鏡花は序文を書いていて、目次を見ますと、画家の鏑木清方《かぶらききよかた》夫妻や鰭崎英《ひれざきえい》朋《ほう》、歌舞伎役者の尾上梅幸、女流作家の草分け的存在である長谷川時雨などといった

【図6】
『怪談会』明治42（1909）年

【図7】
『新小説』明治44（1911）年
泉鏡花の百物語小説「吉原新話」掲載

面々が怪談話を披露しています。

明治四四（一九一一）年三月に、鏡花は、ホームグラウンドとしていた『新小説』【図7】という文芸雑誌で、このときの怪談会などでの様子を「吉原新話」という小説にしています。これは、文人墨客が吉原で怪談会をしていると、そこに死神のような妖婆が現れて大演説をするという、まさに鏡花流お化け小説の本領を発揮した作品です。

面白いのは、同じ明治四四年一〇月には、文豪・森鷗外も「百物語」という小説を書いているんですね。でもこれは、一種のアンチ百物語小説といいますか、鷗外先生は百物語の場に呼ばれたのですが、怪談自体にはさほど興味がない。それを主催している鹿島清兵衛という当時の大富豪、その彼のことを人間観察して、要するに、百物語のお化け話よりも人間のほうが不可解だよと、そういう話なのです。この鷗外が参加した百物語の会は、明治二九（一八九六）年七月二五日に、歌舞伎新報社という雑誌社と、清兵衛の経営している写真館

「玄鹿館」の共催イベントとして盛大に行われたものです。向島の大きなお屋敷を借りきって、会場には作り物の化け猫や幽霊を飾り、化け猫の目は電飾でピカピカ光るという、当時としては画期的なアトラクションまで交えた、派手な怪談イベントでした。

明治の二〇年代から四〇年代にかけての時期に、こうして百物語が復活を遂げる。特に鏡花は百物語をたいそう愛好しておりました。また、鏡花の芝居の名女形《おやま》として知られる新派俳優の喜多村緑郎《ろくろう》も、やはり大のお化け好きで、しばしば怪談会を鏡花と共催しています。大正八（一九一九）年七月に、『都新聞』という、今の東京新聞の源流になった新聞の芸能面に「怪談三人男」という記事【図8】が掲載されています。そこでは、喜多村緑郎や泉鏡花が怪談の親玉であると紹介されていて、近頃文壇ではこうした怪談会が盛んに行われているのだと、そういう紹介記事が載っているのです。無署名の記事ですが、おそらく当時、芸能欄の主筆だったジャーナリストの平山蘆江《ろこう》が書いたものかと思われます。のちに歴史小説や花柳小説を手がけた人ですが、蘆江も大のお化け好きで、夏場には鏡花たちの怪談会の様子を『都新聞』の連載記事にしている。例えば「怪談お祟り」という記事【図9】には、鏡花氏の注文で怪談まつり、百物語の会が開かれた、しかし怪談会をすると必ず祟りがあるので、鏡花先生は作り物とか派手な趣向をこらすのは良くないと言っている、というような発

怪談《くわいだん》の會《くわい》と人《ひと》

（二）怪談三人男

□お盆が近よると、各所に怪談會の集まりが催される秋になると一層それが盛んになる、いろ〳〵な人々がいろ〳〵な場所を選んで、いろ〳〵な趣好で催される□怪談會として平生圍まつたものはない代りに、隨時に誰かの手で催されて、同時にいつも極つた顔觸れが集まつて來る、從つて、此會は平生團結的に纏められてゐる會と云つても好い有樣である□怪談會を矢鱈に催したがる人は河須蘇北君で、怪談を矢鱈に物語りたがる人は鹿塲秋菊君でも、秋菊君はお化の生れ代りのやうな人で蘇北君は怪談の保護者のやうな人である□新派の喜多村綠郎君も怪談については一方の雄將である、小説家の泉鏡花君も怪談の親玉である、怪談を尤も巧に書ら人が鏡花君である事は云ふまでもないが喜多村君が怪談を尤も巧に物語る事も相伍して劣らないであらう□喜多村君はしみ〴〵と怪談を物語る、他の人がするやうに形容詞などは殆ど入れないで、しみ〴〵と物語る、そして話の種が次から次へと非常に多い□鏡花君は大抵の場合、怪談を語らない、只人々の物語るのを丁寧に聞いてゐる事が多い、此人には怪談の材料がないのかと思はれる程である、が、時折靜かな聲で簡單に、そして趣のある怪談を物語る事がある□琵琶の永田錦心君も怪談に興味を持つ人である、眞面目な相談事でもする調子で、實驗の怪談をキチンキチンと定め付けながら物語る、其れが思ひの外人の心を引付ける力を持つてゐる□鹿塲秋菊君の怪談は、いつまでも〳〵續くところに妙味がある、聽手が倦きて居やうと、眠つて居やうと一切無頓着に語り續ける、□怪談好[illegible]蘇北君に至つては[illegible]ぞ[illegible]する事一つとして[illegible]ぬはない[illegible]□私は[illegible]ありますよ、[illegible]で眞夏の[illegible]ふ時刻でもなこと[illegible]に云つて[illegible]□鏡花君と[illegible]君とは正に怪談三人男と名付ける事が出來るであらう

【図 8】
『都新聞』大正 8 (1919) 年
「怪談三人男」

怪談お祟り

怪談お祟り（一）

▼祟りがある

▼切子燈籠を二つ持つて

▼蓮の飯だけ

◉山一の店先

【図 9】
『都新聞』大正 8 (1919) 年
「怪談お祟り」

【図10】
左から：佐々木喜善、柳田國男、水野葉舟

言が載っています。こういう記事が、大正から昭和の初頭にかけて、夏場になると新聞や雑誌に掲載される。一種の怪談ブームが到来したわけですね。

当時の文壇における怪談ブームに、鏡花たち以外にも大きな影響を受けた人々がいます。そのなかでも特に有名なのが、こちらの三人衆です【図10】。真ん中にいるのが日本民俗学の開祖・柳田國男。左側が佐々木喜善という、岩手の遠野出身で、文士としてこれから名を揚げようと希望に燃えて東京にやってきた文学青年。右側は水野葉舟で、すでに新詩社などに加わって短歌や小品文と呼ばれる分野で頭角を現していた新進作家です。この三人の関わりが、文壇における怪談ブームの、いわば台風の目となっていきます。明治四一（一九〇八）年四月、葉舟は『趣味』という海外文学系の文芸誌に「不思議譚」という座談会を企画して掲載する。これは、与謝野鉄幹とか馬場孤蝶といった文学者が、それぞれ不思議な話を披露するという、まさに誌上怪談会のはしりといってよいものです。同じ号の文壇情報コーナー記事【図11】には「文士連によりて妖怪迷信等の研究会発起せられつつあり」と、すなわち当時の文士の間で、妖怪、迷信、怪談、そうしたものの研究会を作ろうという動きが起こっている、とあります。

彼らがなぜ怪談にのめりこんだのか、その一つのきっかけになったのが、先程の写真にある柳田國男、水野葉舟、佐々木喜善の出会いなのです。喜善は遠野に生まれ、いろいろな昔話や当時の世間話を聞いて育った。やがて作家志望の喜善は上京して葉舟の下宿を訪ねます。ところが突然来訪した青年の東北弁が、江戸ッ子の葉舟には一向に聞き取れなくて困惑します。しかし、当時から欧米の心霊学に関心を寄せていた葉舟が、話をお化け方面に向けると、喜善の目がキラッと光って、故郷遠野で見聞したナマナマしい怪談実話や妖怪談を、身振り手振り、臨場感たっぷりに語ってくれた。それに葉舟は大きな衝撃を受けます。葉舟は当時、父が関係していた『日本勧業銀行月報』という、およそ畑違いの雑誌の編集を任されていたので、そこに怪談実話の記事を発表するようになります。それらは英文学者の横山茂雄さんがまとめた『遠野物語の周辺』（二〇〇一年）に収録されています。

そこで、『遠野物語』に話がつながります。葉舟は、面識のある柳田國男が、以前から怪

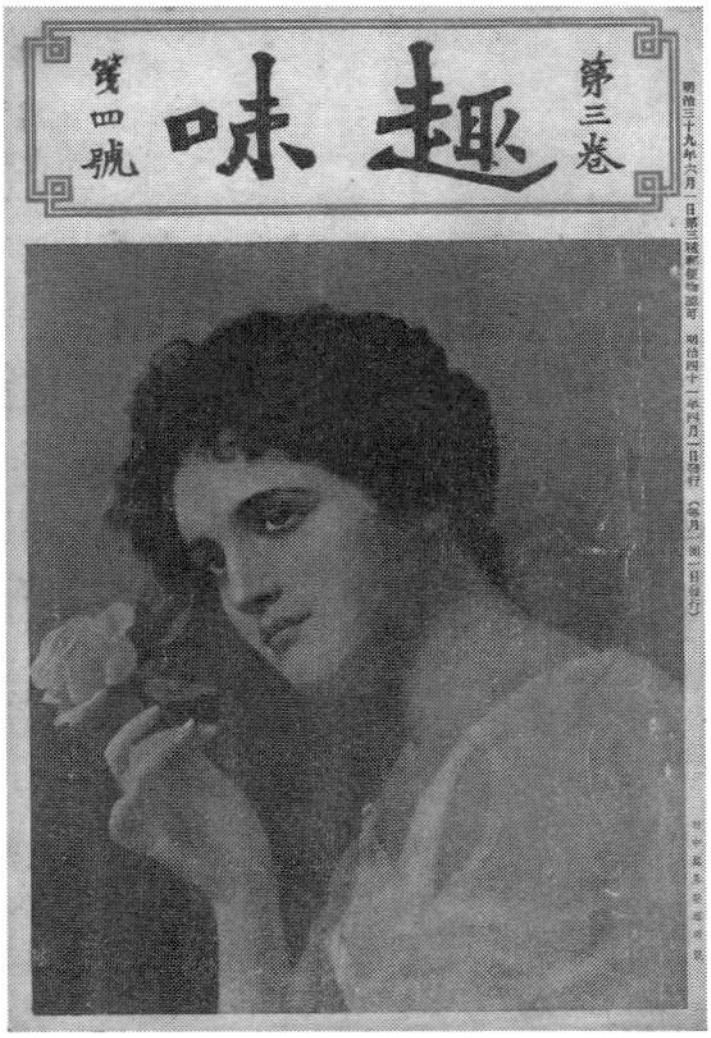

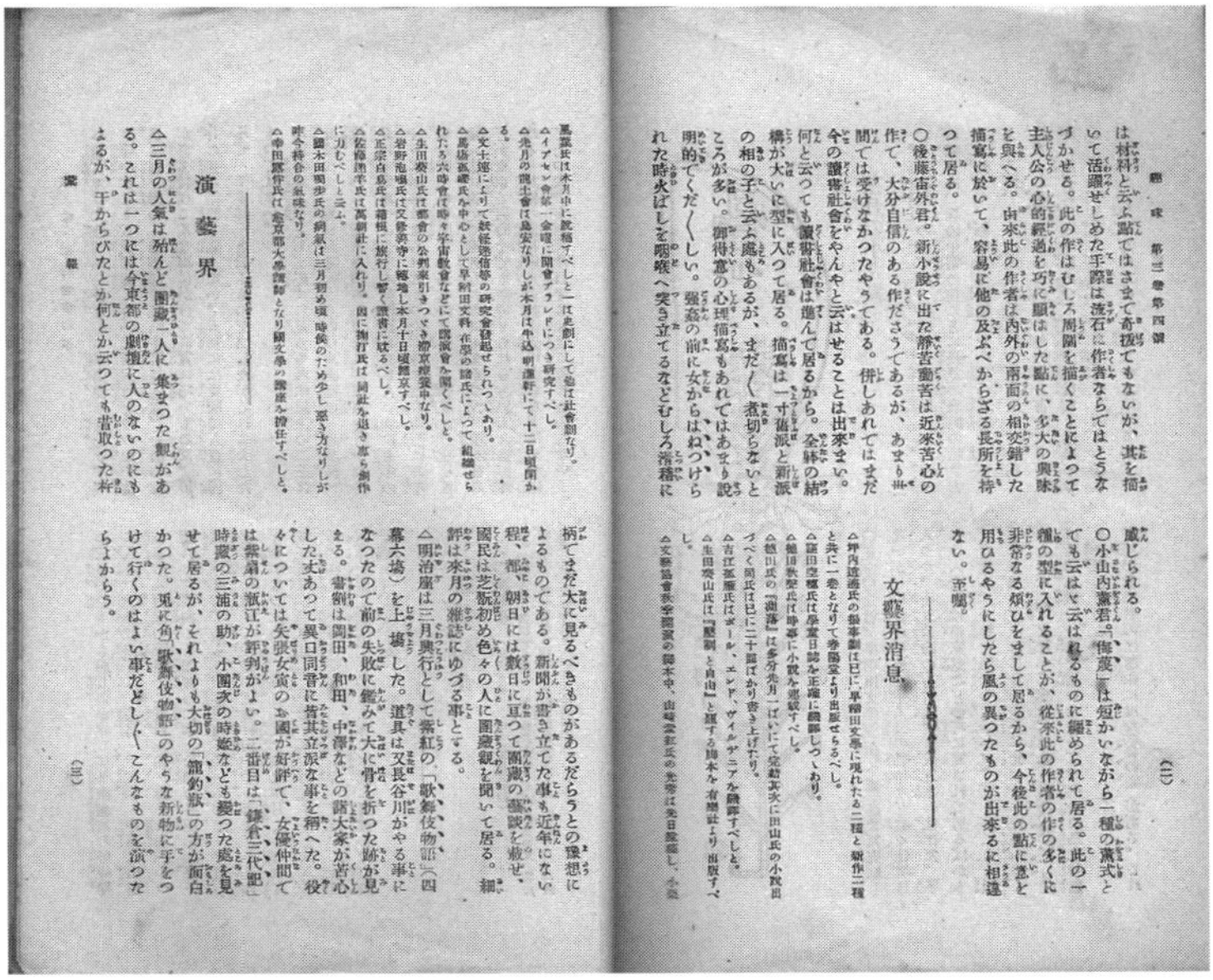

趣味　第三卷第四號

は材料と云ふ點ではさまで奇抜でもないが、其を描いて活躍せしめた手際は流石に作者ならではとうなづかせる。此の作はむしろ周圍を描くことによつて主人公の心的經過を巧に顯はした點に、多大の興味を與へる。由來此の作者は内外の兩面の相交錯した描寫に於いて、容易に他の及ぶべからざる長所を持つて居る。

○後藤宙外君。新小説に出た辯苦勤苦は近來苦心の作で、大分自信のある作ださうであるが、あまり世間では受けなかつたやうである。併しあれではまだ今の讀書社會をやんやと云はせることは出來まい。何と云つても讀書社會は進んで居るから。全體の結構が大いに型に入つて居る。描寫は一寸舊派と新派の相の子と云ふ處もあるが、まだ〳〵煮切らないところが多い。御得意の心理描寫もあれではあまり説明的でくだ〳〵しい。強姦の前に女からはねつけられた時火ばしを咽喉へ突き立てるなどむしろ滑稽に感じられる。

○小山内薫君。「侮蔑」は短かいながら一種の叢式とでも云はゞ云はれるものに纏められて居る。此の一種の型に入れることが、從來此の作者の作の多くに非常なる煩ひをまして居るから、今後此の點に意を用ひるやうにしたら風の異つたものが出來るに相違ない。（至嘲）

文藝界消息

△坪内逍遙氏の脚本劇は已に早稲田文學に現れたる二種と新作二種と共に一卷となりて春陽堂より出版せらるべし。
△窪田空穂氏は學堂日誌を正確に翻譯しつゝあり。
△徳田秋聲氏は時事に小説を連載すべし。
△徳田氏の『凋落』は多分先月一ぱいにて完結其次に田山氏の小説出づべく同氏は已に二十回ばかり書き上げたり。
△吉江孤雁氏はポール、エンド、ヴィルヂニアを翻譯すべしと。
△生田葵山氏は『壓制と自由』と題する脚本を有樂社より出版すべし。
△文藝協會秋季開演の脚本中、山崎紫紅氏の奕宗は先日脱稿し、小説

（二）

風葉氏は本月中に脱稿すべしと一は史劇にして他は社會劇なり。
△イプセン會第一金曜に開會ブランドにつき研究すべし。
△先月の龍土會は島安なりしが本月は牛込明進軒にて十二日頃開かる。
△文士連によりて妖怪迷信等の研究會發起せられつゝあり。
△馬場孤蝶氏を中心として早稲田文科在學の諸氏によつて組織せられたる六時會は時々宇宙散會などにて講演會を開くべしと。
△生田葵山氏は都會の公判來引きつゞき滯京謹愼中なり。
△岩野泡鳴氏は文殊寺に轉地し本月十日頃歸京すべし。
△正宗白鳥氏は箱根に旅行し暫く讀書に耽るべし。
△佐藤迷羊氏は萬朝社に入れり。因に梅打氏は同社を退き專ら創作に力むべしと云ふ。
△國木田獨歩氏の病氣は三月初め頃時候のため少し惡き方なりしが昨今持合の氣味なり。
△幸田露伴氏は京都大學講師となり國文學の講座を擔任すべしと。

演藝界

△三月の人氣は殆んど團藏一人に集まつた觀がある。これは一つには今東都の劇壇に人のないのにもよるが、干からびたとか何とか云つても昔取つた杵柄でまだ大に見るべきものがあるだらうとの豫想によるものである。新聞が書き立てた事も近年にない程、都、朝日には數日に亘つて團藏の藝談を載せ、國民は芝翫初め色々の人に團藏觀を聞いて居る。細評は來月の雜誌にゆづる事とする。

△明治座は三月興行として紫紅の「歌舞伎物語」（四幕六場）を上場した。道具は又長谷川がやる事になつたので前の失敗に鑑みて大に骨を折つた跡が見える。書割は岡田、和田、中澤などの諸大家が苦心した丈あつて異口同音に皆其立派な事を稱へた。役々については矢張女寅のお國が好評で、女優仲間では紫扇の瀬江が評判がよい。二番目は「鎌倉三代記」時藏の三浦の助、小團次の時姫なども變つた處を見せて居るが、それよりも大切の「龍釣瓶」の方が面白かつた。兎に角「歌舞伎物語」のやうな新物に手をつけて行くのはよい事だ〳〵こんなものを演つたらよからう。

（三）

【図 11】
『趣味』明治 41（1908）年
左ページ上段 5 行目に「文士連によりて妖怪迷信等の研究会発起せられつつあり」

談や妖怪話に興味を持っていて、いろいろ調べていることも知っていました。ある集まりの帰り道、二人でその話で盛り上がった際、葉舟は、佐々木喜善のことを柳田に紹介するわけです。岩手の田舎から出てきて、その地での様々なお化け話を語れる男がいる、と。柳田は、ぜひ私の家に連れてきなさいと言って、葉舟と喜善が連れ立って柳田邸を訪ね「お化け会」と銘打たれた、お化け話を語る会を定期的に開催するようになります。その場で喜善が臨場感たっぷりに披露した遠野の怪談実話が、明治四三（一九一〇）年に柳田の手でまとめられ、『遠野物語』という画期的な書物に結実することになります。

実は、私は以前、かつて芥川龍之介が愛蔵していた『遠野物語』の初版本が、北海道のある研究施設に収蔵されていることを知って、わざわざ札幌まで現物を確認しに行ったことがあります。龍之介は今でいう高校生の頃に、たった三五〇部自費出版されただけの『遠野物語』をいち早く入手して、本が壊れかかるくらい熟読しているのですね。そして自分でも、こういうお化けの記録本を作ろうと、肉親や友人から怖い話や不思議な話の聞き書きをして、『椒図志異《しょうずしい》』というノートを遺しています。ちなみに、龍之介旧蔵の『遠野物語』は、晩年に親交の深かった女性でアイルランド文学の優れた翻訳家でもあった片山廣子という歌人に託され、それが今、巡り巡って北海道にあるのです。このように、『遠野物語』は芥川龍之介などにも深甚な影響を与えております。

柳田國男には「怪談の研究」という、ちょうど『遠野物語』刊行の直前に出された談話記事があります。平成になってから妖怪雑誌『怪』で復刻紹介されましたが、それまで全集にも収録されておらず、柳田研究史上でも隅のほうに追いやられ、なかったことにされかかっていた記事です。この「怪談の研究」のなかで、柳田は、自分は怪談の真贋、本当か嘘かを判別できるとまで断言しているくらい、近世以前の怪談本や奇談随筆の類をたいへん読み込んでいました。つまり、怪談や妖怪の探究作業が、柳田が民俗学を確立していく過程での重要な源流、源泉にもなっているのです。

ちなみに、鏡花と柳田の両雄は、若い頃から親交がありました。『遠野物語』が刊行された直後、雑誌『新小説』の明治四四（一九一一）年一二月号で「怪談百物語」特集が組まれていて、冒頭に柳田の話が載り、巻末に鏡花の怪異譚が掲載されています。当時、『遠野物語』の評価は寒々しいもので、誰も理解してくれなかった。柳田の盟友である島崎藤村や田山花袋といった自然主義の作家たちも、なんであの柳田先生がこんな妙な本を出したんだ、というぐらいの反応でした。そんななか、鏡花ひとりが「遠野の奇聞」という書評を書いて大絶讃している。また「夜叉ケ池」「山海評判記」などの作品に、柳田をモデルとするキャラクターを登場させています。二人は晩年までお化け話の盟友だったのです。

要するに、文豪・泉鏡花、民俗学の確立者である柳田國男、さらには新劇の父・小山内薫や画家の鏑木清方、俳優の喜多村緑郎といった、時代と文化をリードしていく立場の人たちが、百物語怪談会の場に集い、ときにはそこでの見聞を起点にした作品を生み出しているわけです。そのことを私は、『遠野物語と怪談の時代』（二〇一〇年）という本のなかで書かせていただいたわけでございます。

ところで、今年は夏目漱石の没後一〇〇年ということで、いろいろ記念の企画なども盛んなようですが、漱石には「夢十夜」（一九〇八年）という有名な小品連作がありますね。あの冒頭に出てくる「こんな夢を見た」という特徴的な語り出しも、よく考えてみると、百物語的な語りの場と、なにがなし関わりがあるように思えてまいります。事実あの作品は、夏場の怪談シーズンに新聞連載されているのですね。漱石は自分なりの文学怪談を、あの作品で試みようとしたのではないのか。鏡花が「黒壁」で試み、のちに日本の怪談文学史上欠かすことのできない作家、岡本綺堂の『青蛙堂鬼談』でも、「第一の男は語る」「第七の女は語る」などと、百物語特有のスタイルが物語の枠組みとなって展開されている。百物語という形式が、日本の怪談文芸、幻想文学に及ぼした影響は思いのほか大きいのではないかということが、こうした例からもおわかりいただけるかと思います。

つまり、現実主義的で、お化け話というものを古くさい迷信として排斥するような近代日本の文学風土のなかにあって、百物語という一種の結界というか、怪談の聖域といってもよいような場が設けられることで、怪談が文学として成立する。これは怪談会の場で語られた話ですよ、というスタイルで書かれることが、怪談とか幻想とか妖怪といったものを文学のテーマにするというイレギュラーな試みにおいて、非常に重要な要素、一種の橋頭堡になっている。それが巡り巡って現代でも、例えば、あの村上春樹が「鏡」という「黒壁」とよく似た語りのスタイルによる百物語小説を書いていたり、京極夏彦に直木賞を受賞した『巷説百物語』のシリーズがあったり、最近では宮部みゆきも『三島屋変調百物語』連作を書いている。それくらい百物語というものは、現代に至るまで、多くの作家たちを惹きつけ、怪談系文学の重要な要素としてあり続けているのだということを申し上げて、私の話を終わりたいと思います。

太田 晋

怪談／ミステリーの語りについて ——京極作品を中心に

私の本業は英文学研究なのですが、本日は、デビュー作の『姑獲鳥《うぶめ》の夏』（一九九四年）以来ずっと京極夏彦さんの作品をリアルタイムで追いかけてきた、そういうファンの一人として語らせていただきます。

振り返ってみますと、京極さんの作品は、初期作品の発表当時においては、主として「ミステリー」として、探偵小説ないし推理小説として、受容され評価されてきたと思います。私自身ひとりのミステリー読者として、『姑獲鳥の夏』のメイントリックには「やられた！」と思ったクチですし、あるいは個人的に強く印象に残っているのが、『絡新婦《じょろうぐも》の理《ことわり》』（一九九六年）の序盤における密室殺人の謎解きです。これは実に見事なトリックで、並の作家ならこれで長編を一編書くだろう、と思わせる水準のトリックなのですが、『絡新婦の理』では、なんと――未読の方に配慮してぼかした言い方をすれば――かなり早い段階で惜しげもなく解明されてしまう。そして、物語はその後も勢いを弱めることなく続いていく。当時の私は大学院生でしたが、院の仲間たちと「これはすごい！」と感嘆していたのをよく覚えています。ともあれ、当時は何よりもそういう「密室」や「探偵」が登場する「ミステリー」として、京極さんの作品は受容されていたと思うんですね。

ところが『絡新婦の理』では、見事なトリックによるこの密室は、当の作中でこともあろうに「どうでもいい密室」と呼ばれてしまいます。あるいは、『姑獲鳥の夏』に始まる連作――ここでは便宜的に「百鬼夜行シリーズ」と呼ぶことにします――では、榎木津礼二郎というキャラクターが探偵として活躍するわけですが、彼の事務所の卓上には「『探偵』と書いた三角錐」が置かれていて、語り手の関口巽がそれを見て「失笑」するという――ファンにはよく知られた――場面もあるわけです。つまり、京極作品には確かに「密室」も「探偵」も登場するのですが、密室は「どうでもいい密室」と言われてしまうし、探偵もどこか失笑を誘うような形で描かれている。そして、すべての京極読者が知っているように、「百鬼夜行シリーズ」で事件を実質的に終結させるのは、「探偵」の榎木津というよりむしろ、

「拝み屋」を自称する京極堂こと中禅寺秋彦であるわけです。

こうした点から考えると、「百鬼夜行シリーズ」という連作は、ミステリーないし探偵小説というジャンルに対して、むしろ一定の距離をおこうとしているようにも見えます。そして実際、京極さんご自身が、ミステリー／探偵小説／推理小説というジャンルへの一定の留保と距離を、折にふれ表明されてきたんですね。たとえば『対談集　妖怪大談義』（二〇〇五年）所収の対談での京極さんいわく、「推理小説はもとをたどればルーツが外国に行っちゃう。僕はそれが気に入らない」。そして「ミステリーというと、海外の、最終的にはポーから発したものだとか、そういう形にされてしまう」が、自分としては「本当に怪談が好きなものですから、怪談の復権をそのうち実現させたいという思いはあります」。つまり「今僕が書いているのはミステリー」だけれども、「いずれ本当の怪談小説が書ければすばらしいだろうと思います」、というわけです。

これは文学史的に考えれば、なかなか興味深い論点を含んでいます。というのも、一八～一九世紀にかけての欧米では、ゴシック・ロマンスというジャンルが流行していました。雑な言い方をすれば、これは謎めいた怪異と恐怖を描く西欧版怪談というべきジャンルなのですが、そもそも探偵小説というジャンルはそこから派生した、という歴史があるからです。

ご存知のように、探偵小説というジャンルは、エドガー・アラン・ポーの「モルグ街の殺人」（一八四一年）に始まる。そしてポーは、もともとゴシック・ロマンスの強い影響下にあった。「アッシャー家の崩壊」（一八三九年）などは典型的ですね。つまりポーは、謎めいた怪異と恐怖を語るゴシック・ロマンスからスタートした。ところがポーはそれに、、、、、、探偵による謎解きを付け加えた。すなわち、謎と怪異を語るものだったゴシック・ロマンスに、探偵による謎の解体と怪異の解消を付け加えた。探偵小説／ミステリーというジャンルは、そこから始まったといえます。たとえば江戸川乱歩・島田荘司という、日本における探偵小説の二大巨頭も、それぞれ次のように説明しています。

ポオがゴシック・ロマンスの余力いまだ衰えざる時代に生まれ、怪奇と恐怖の作品においてはその影響を受けながら、突如として、前代未聞の探偵小説という文学形式を発明したことは、いくら驚嘆しても足りないほどである。（江戸川乱歩「探偵作家としてのエドガー・ポオ」、一九四九年）

［ポー「モルグ街の殺人」では］これまでの幻想小説のありようが伏線となり、読者は、犯人

は煙となって煙突から部屋に侵入し、出ていった存在に違いないと予想した。ところがこの小説の結末はまったく違っていた。ポーは完全にリアルで、現実的な謎解きを、そこに用意していたのである。

衝撃は決定的だった。ここに、幻想小説を母胎としたまったく新しい形式の小説が生まれた。（島田荘司「本格ミステリー論」、一九八九年）

さて、先ほど引用しましたように、京極さんは「ミステリー」を書きつつ「怪談小説」へ向かおうとしてきた、そう表明してこられたわけです。いま示した文学史的観点からすれば、それはつまり、西欧版怪談から一歩踏み出す形で成立した探偵小説／ミステリーというジャンルを、今度は日本的怪談に接続しなおす、そんな再接続の試みと見なすことができるのではないでしょうか。では、それは具体的にはいかにして行なわれてきたのか。ここではそれを、「百鬼夜行シリーズ」に焦点を当てて検討したいと思います。

もちろん、ミステリーから怪談へということであれば、京極さんには『嗤《わら》う伊右衛門』（一九九七年）、『旧怪談』（二〇〇七年）、『遠野物語 remix』（二〇一三年）といった古典的怪談の見事なリテリングがありますし、また『幽談』（二〇〇八年）に始まる「談シリーズ」

というべき野心的な怪談連作も手がけておられます。しかし、ここであえて「百鬼夜行シリーズ」に焦点を絞るのは、何よりもこの連作においてこそ、探偵小説と怪談という異なる二つのジャンルが一定の緊張感をもってせめぎ合っていて、そこにこの連作の大きな魅力があるように思うからです。謎めいた怪異を語る怪談というジャンル、そして謎や怪異が解体される探偵小説というジャンル。根本的に異なるこれら二つのジャンルが、連作中でいかにせめぎ合っているのか。それをごく簡単に見ていきたいと思います。ただし発表時間の都合上、ここではいわゆる初期三部作、つまり『姑獲鳥の夏』・『魍魎《もうりょう》の匣《はこ》』（一九九五年）・『狂骨の夢』（一九九五年）の三作に絞ってお話しします。また、ネタバレに関しては配慮しておりますので、未読の方もご安心ください。

シリーズ第一作『姑獲鳥の夏』は、そのメイントリックがミステリー読者の間で議論を呼びはしたものの、多くの点で探偵小説のジャンル的慣習、ジャンルのお約束といったものに従っていたように思います。それが何より顕著なのが、この作品の最初と最後、冒頭とほぼ末尾の部分なんですね。物語の冒頭、語り手である作家の関口巽が、古書店「京極堂」の主人にして「拝み屋」の中禅寺秋彦に会うため坂を登る場面は、次のように記されています。

坂の途中に樹木など日除けになる類のものは何ひとつとしてない。ただただ白茶けた油土塀らしきものが延々と続いている。この塀の中にあるのが民家なのか、寺院や療養所のようなものなのか、私は知らない。

そして事件のあと、物語のほぼ末尾のくだりでは、次のように述べられます。

坂の途中に樹木など日除けになる類のものは何ひとつとしてない。ただただ白茶けた油土塀らしきものが延々と続いている。この無愛想な油土塀の中は墓場なのだと、今の私は知っている。だから、この中は墓場なのだ。

これらはどちらも関口巽の語りなのですが、終わりと始まりとで、ほとんど同じ文章が繰り返されていることがわかります。ところが、後半が違っている。つまり、物語の始まりでは「寺院や療養所のようなものなのか、私は知らない」。ところが終わりでは「墓場なのだと、今の私は知っている」に変わっている。これはいかにも重要な記述であり、ある意味でこの作品全体の枠組を提示していると思います。

物語の始まりの「私は知らない」から、物語の終わりの「私は知っている」へ。語り手の関口は、物語の始まりでは知らなかったことを、物語の終わりでは知っている。すると『姑獲鳥の夏』という作品は、関口巽が無知から知へ至る物語、知らなかったことを知るに至る物語だった、そう要約することができるのではないか。そして「知らなかったことを知る」というのは、ある意味で「謎解き」の最もシンプルな定義なのではないでしょうか（たとえば後の作品『陰摩羅鬼《おんもらき》の瑕《きず》』（二〇〇三年）や『邪魅の雫』（二〇〇六年）には、京極堂の決め台詞のひとつとして「謎とは知らないこと」「謎とは解らないこと」との言葉が登場しますが、そこからしても「知らないことを知る」とは「謎が謎でなくなる」こと、すなわち謎の解明ないし解体と同義ということになります）。その限りで、まさに関口が「知らなかったことを知る」ことによって、『姑獲鳥の夏』は謎解きの物語として、すなわちミステリー／探偵小説として完結していた、そう言えるように思います。

ところが第二作『魍魎の匣』で、事態は早くも変化します。この作品では、有名なクライマックス・シーンにおいて、関口はある匣の中身を知ろうとするのですが、京極堂に強く制止されてしまいます。

「止せ！　関口！」
京極堂が恫喝した。
「君なんかが覗くには百年早い！　君も［……］向こう側に行きたいのか！［……］いいか、それは幻想だ。開けてはならぬものなのだ！」

ここでの京極堂は、関口の「知ること」に、越えてはならない境界を設定しているように見えます。つまり『魍魎の匣』という作品では，そこから先は知ってはならない、その向こう側は知るべきではない、そういう形で、関口が知ること・知ってよいことに制限がかけられている、越えてはならない境界が設定されている、そう見ることができるのではないか。この作品では、妖怪「魍魎」それ自体がある意味で「境界」であって、「軽はずみに近寄ると向こう側へ引き摺り込まれる」とされています。しかしそれは同時に、関口が「知ること」の境界、関口がその向こう側を知ってはいけないリミットないしボーダーを、暗示しているようにも見えるんですね。

先に見たように、『姑獲鳥の夏』は、関口が「知ること」によって探偵小説として完結していた、そう考えてみましょう。しかし『魍魎の匣』では、関口の「知ること」を制限するリミットないし境界が提示され、かつその向こう側が示唆される。とすればそれは、やや先走って言ってしまえば、ある意味で探偵小説というジャンルの境界とその向こう側をも暗示していたのではないでしょうか。

実はそれと同じことが、この二つの作品の叙述に関しても言えるんですね。たとえば『姑獲鳥の夏』は、第一章の前頁に置かれた旧仮名のモノローグを除いて、物語の全編が関口巽の一人称で記されています。つまり『姑獲鳥の夏』では、関口が自分の体験した雑司ヶ谷の事件を、京極堂の憑物落としとその結末を、「私」として語っている。これは同時に、関口が「ワトソン役」であることを示唆していたと思います。ご存知の通り、最初の探偵小説であるポーの「モルグ街の殺人」では、名探偵オーギュスト・デュパンの名推理を名前のない「私」が報告する、という形式がとられていました。そしてこれが、以後のスタンダードになる。この「探偵の活躍を記述者が報告する」というパターンは、ポーのデュパン／「私」から、コナン・ドイルのホームズ／ワトソンを経て、島田荘司の御手洗潔／石岡和己に至るまで連綿と受け継がれ、探偵小説というジャンルを特徴づける重要な指標となります。そして「京極堂の憑物落としを関口が記述する」という『姑獲鳥の夏』は、明らかにこの「名探偵の推理をワトソン役が記述する」というパターン、探偵小説というジャンルを特徴づけるパターンを、なぞっていたように思います。

ところが『魍魎の匣』では、早くもこの構図が変化する。つまり『魍魎の匣』では、全体の約半分は前作同様に関口が「私」として話者となっていますが、残りの半分は誰が語っているのか明示されない、話者が明示されない叙述になっているんですね（これは章によって分かれているのではなく、アステリスクによってそれぞれの言語域が区切られています）。たとえば、次の二つの引用を比較してみましょう。まずは関口巽による一人称部分です。

> 最初の部分——右腕が発見されたのは、たぶん、八月二十九日だったと思う。
> 両脚が出たのはその翌日、忘れもしない八月三十日のことだった。
> 忘れっぽい私が、なぜそんな日付まで覚えているかと云うと、それが私にとって大層印象深い日だったからである。

「右腕が発見されたのは、たぶん、八月二十九日だったと思う」。そう思っているのは誰かというと、一行おいて次の行の「忘れっぽい私」、すなわち関口です。これが関口巽一人称パートの最初の部分です。

一方、不明な語り手パートの最初の部分というか、作品全体の冒頭部分となっているのが、次の引用です。

楠本頼子は、柚木加菜子のことが本当に好きだった。
加菜子の、項のあたりの皮膚の粒子の細かさや、さらさらと靡く艶やかな髪や、伸びやかに善く動く指先が好きだった。

「楠本頼子は、柚木加菜子のことが本当に好きだった」。しかし、そのように報告しているのは誰なのか。それはついに明かされることがありません。こういう二種類の語りが、『魍魎の匣』には登場しています。

さて、批評家の野崎六助さんが『京極夏彦読本　超絶ミステリの世界』（一九九八年）という本を書いておられて――これは、著者自身がのちに「書き飛ばした」と述懐しているものの、京極作品を一貫したパースペクティヴで論じた、現在に至るまで唯一の有益なモノグラフです——、そこではもちろん『魍魎の匣』も論じられています。野崎さんはそこで、新たに導入されたこの叙述を、「客観三人称」と呼んでおられます。急いで言っておけば、もちろんこれは間違いではありません。客観三人称視点による記述、その通りです。確かにこの不明な語り手は、作品世界を客観的に報告している。ところが、よくよく見るとこの語り手は、さりげなくも主観的な判断や推測を、ところどころに挟んできているのです。
たとえば、以下の二つの記述に注目してみましょう。どちらも『魍魎の匣』からの引用で、関口らとともに事件に関わる刑事の木場修太郎に関する記述です。

陽子にとって不利益になるモノは敵であり、悪である——木場はたぶんそう云う決着をつけたのだろう。正体は解らないにしろ、明確な敵を持つことができた木場は、実に久し振りに、安定感と活力を取り戻した訳である。
ただ、それこそが、一般的に云う恋愛感情なのだと、木場自身は気がついていない。

最初は法の番人としての、犯罪の萌芽を摘むための行動であったかもしれぬ。だが今思えば、その時既に木場の中に陽子に対する特別な感情——敵を倒そうと云う志気が芽生え始めていたのかもしれない。勿論その時はまだ、淡ぼんやりとした訳の解らぬ感情でしかなかったのだが。木場がその感情の正体に思い至るのは、もう少し後のことである。

これらの記述を見ると、「たぶん〜だろう」「かもしれぬ」「かもしれない」というように、語り手が明らかに主観的な推測を挟んでいることがわかります。つまりこの話者は、作品世界をひたすら客観的・機械的に映し取る、カメラのような存在ではない。そうではなく、個別的な主観を備えた「誰か」、人格をもった生身の「誰か」、この語り手はそういう存在と考えるべきだと思います。

あるいは一番目の引用では、語り手は木場自身が気づいていない感情を、なぜか知っている。それに二番目の引用では、語り手は木場の「もう少し後のこと」を、すなわち木場の未来を知っている。これは一見すると、作中世界の時間を超越した全知の神の視点のようにも見える。しかし二番目の引用をよくよく見ると、その一方で語り手は「今思えば」と言っているんですね。今思えば。つまりこの語り手は、作中世界の時間の流れと地続きの時間軸上の特定の時間に、みずからを位置づけているということになります。とすればやはりこの語り手は、カメラでもなければ神でもなく、むしろ特定の「誰か」だと考えるべきではないでしょうか。あくまでも作中と地続きの世界にいる、人格と主観を備えた生身の「誰か」、少なくとも事件の全貌を知っている特定の「誰か」が、事件を「今」振り返り語っている――それがこの叙述ではないでしょうか。では、それは誰なのでしょう。

別の言い方をすれば、『魍魎の匣』の関口は、自身がその場に居合わせ体験した出来事を、一人称の「私」として語っています。そしてこの誰だかわからない誰かが担っているのは、関口が体験しなかった出来事、関口がリアルタイムでは知らなかったはずの出来事の報告です。ならば、この不明な話者はいったい誰なのか――これは実のところ非常に難しい問題で、読み込めば読み込むほどわからなくなってきてしまいます。たとえば、順当に考えればこの語り手も関口であって、リアルタイムでは知らなかったことを後知恵で記しているのがこのパートだ、そう見なすこともできそうです（たとえば第四作『鉄鼠の檻』（一九九六年）の叙述は、その明示的な一例です）。しかし、ここでは細かい議論は省きますが、細部を検討するとどうもそうとばかりは言えない。むしろ京極堂こそが「不明な話者」だと示唆しているように思える箇所もありますし、あるいは別の誰かかもしれない、たとえば最上竜蔵あたりかもしれない……というわけで、結局よくわからなくなってしまうんですね（最上竜蔵に関しては、とり・みき『猫田一金五郎の冒険』所収のとり・みき×京極夏彦「美容院坂の罪つくりの馬」（一九九八年）をご参照ください）。

『魍魎の匣』では、京極堂はある小説に関して「この小説は、只管《ひたすら》主体が誰なのか暈《ぼか》そうとばかりしている」と述べていますが、『魍魎の匣』という小説それ自体でも、関口一人称以外のパートの叙述において、似たことが起こっているのかもしれません。実際、この不明な語り手は最終的にあの匣の中を、まさしく関口が知ることを制止され禁止された匣の内部を――正確に言えば、匣の内部のそのまた内面を――語ってしまいます。これを知りうるのは作中の誰にとってもきわめて困難である以上、この不明な話者がいったい誰なのか、もはやまったくわからなくなってしまうのです。

つまり話をまとめますと、『魍魎の匣』という作品では、関口巽という語り手に加えて、関口の知らないこと・知るべきでないことを語るもうひとりの語り手がテクストに取り憑いている。そしてもう一人の語り手の正体は、ついに作中では得体の知れないまま終わる。したがってここでは、『魍魎の匣』でテクストに取り憑いた正体不明の語り手、関口が知りえたことを一人称で語るパート以外を担っている誰か、関口が知りえずまた知るべきでない物事を記述している誰かを、端的に「ナレーター」と名指しておきたいと思います。そのうえで先ほど述べましたように、関口がいわゆる「ワトソン役」、すなわち探偵小説というジャンルの慣習が要請する「記述者」であるとするならば、この謎めいた「ナレーター」はむしろ、探偵小説というジャンルの境界を越えた、何か別のジャンルの語り手なのかもしれない……そんなふうに思えてくるんですね。

そして第三作の『狂骨の夢』に至ると、ついにこの「ナレーター」がテクストを乗っ取ってしまいます。つまり『狂骨の夢』では、冒頭の入り組んだモノローグを除き、物語の全編を「ナレーター」が記述するに至るんですね。ここではもはや、関口は地の文で「私」と語ることがない。一人称で記述する存在だった関口は、今や記述される存在と化している(「関口巽は神道の葬式というのを始めて見た」というのが、関口の登場する最初の記述です)。これはつまり、ワトソン役がワトソン役でなくなっている、ということなのですから、「探偵の推理を記述者が報告する」という、探偵小説というジャンルの重要なお約束が、ここではもう機能しなくなっている……。

しかも『狂骨の夢』では、作中の事件は「関口」――「私」ではなく――によって、「この世のものではない」「彼岸の事件」と形容されます。そのうえ刑事の木場は、この事件の謎は「四谷怪談みてえに」解決されるしかないと語る。するとこの『狂骨の夢』の事件は、探偵小説的な事件というよりは、探偵小説というジャンルの彼岸の事件、そのジャンルの境界の向こう側の事件のように見えてくるわけです。

加えて『狂骨の夢』という作品には、二つの重要な特徴があります。ひとつには、『狂骨の夢』は音響表現に満ちた作品であり、読まれた方ならよくご存知のように、海鳴りの音が通奏低音のように鳴り響く作品である、ということです。しかもその海鳴りは、

騒騒、騒騒、騒騒、ざざ、ざ

という見事なオノマトペによって、繰り返し表現されている。この表現は、読者に視覚的な効果を与えると同時に、むしろ口承文化の優れた話者、たとえば怪談の名手による語りを、音声として聴いているかのような印象を与えます。

『狂骨の夢』のもうひとつの特徴は、この作品では怪異が体験されるというより語られるものとして提示されているということです。つまり『狂骨の夢』では、いろいろと奇怪な事件が起こるわけですが、それは直接的に描写されるのではなく、多くの場合、体験者の登場人物が他の登場人物にそれを語る、という形で提示されています。たとえば、朱美と名乗る

女は伊佐間一成に髑髏と殺人をめぐる奇怪な話を語り、白丘亮一は降旗弘に謎めいた「汚れた神主」をめぐる告白を語り、宇多川崇は関口巽に妻が犯したという殺人をめぐる怪異を語り、朱美と名乗る女は降旗弘に蘇る死者の殺害と斬首を語り……というように、怪異のほとんどは語りによって媒介される形で提示されているんですね。そして『狂骨の夢』では、こうして語られた怪異が、すなわち怪談が累積したあげく、京極堂は各人の情報を集約すべく「意見交換会」を開くのですが、それはまるで、百物語を語る怪談会のようにさえ見えてしまいます。

要するに『狂骨の夢』という作品では、何よりも音響と語りが強調されている。すると、そのすべてを担っている「ナレーター」——繰り返せば、『狂骨の夢』ではほぼすべての叙述を「ナレーター」が担っているわけですが——もまた、文字通りの語り手であって、ページを文字で埋めているというよりも、聴衆を前にして音声としてこの物語を語っているかのような、そんな印象を与えているようにも思えます。

さて、マクルーハンなどにも影響を与えたアメリカの古典学者ウォルター・J・オングに、『声の文化と文字の文化』（一九八二年）という有名な研究書があります。これは邦訳題が示すとおり、民話や昔話や噂のような、オーディエンスに口頭で語られる口承文化すなわち「声の文化」と、テクスト化され活字化され出版される「文字の文化」とを比較した、記念碑的な研究書です。オングはそこで、とても興味深いことを言っています。つまり、「声の文化」の特徴のひとつは、多数のエピソードが互いに組み合わされることなく、たんに積み重なっていくだけであることだ、と。逆に言えば、たくさんのエピソードを順序立てて組織する「プロット」、つまり起承転結というか、プロローグからクライマックスそして大団円へと進んでゆく長いプロットというのは、「文字の文化」において初めて出現する、というのです。そしてオングによれば、面白いことに、そういう「クライマックスに向かってすすむひとすじのプロット」は、一八四一年に発表されたポーの「モルグ街の殺人」に始まる探偵小説というジャンルにおいて頂点に達する、というんですね。

つまり、たとえば集まった人々が口々に怖い話を語るような「声の文化」においては、物語はたんなるエピソードの寄せ集めだった。しかし、文字化され活字化されテクスト化された「文字の文化」において、エピソードが組み合わされクライマックスに向けて盛り上がっていく長いプロットというものが、初めて現れる。そしてそれは、事件が起こり、捜査や推理が行なわれ、クライマックスで名探偵があっと驚く真相を明かす「探偵小説」において、その完成形態に到達する、ということです。

すると『狂骨の夢』という作品は、まるでこのプロセスを逆転させているようにも見えてきます。『狂骨の夢』は、一方では探偵小説／ミステリーに軸足をおいていて、謎は最終的にきちんと解かれます（この作品がノベルズから文庫化された際——斎藤環さんによる批評に応える形で——例外的に多くの加筆がなされたことは、探偵小説としての合理的な謎解きへの強い指向が維持されていることを示唆します）。しかしその一方で、この作品では文字による記述は音声による語りへとずらされ、山場へ向かうプロットは怪談の集積へとずらされている。そして解かれるべき謎もまた、この世ならぬ怪異の方へと近づけられている。これはあたかも、「文字の文化」の極点に位置する探偵小説が、「声の文化」に属する別のジャンルに近づけられているかのようです。とすれば、『魍魎の匣』でテクストに憑依し、『狂骨の夢』でテクストを乗っ取った「ナレーター」は、実のところまさにその彼岸のジャンルの語り手、すなわち聴き手を前にして怪異を語る「怪談」という別のジャンルの語り手だったのではないか、「怪談の語り手」こそが「ナレーター」の正体だったのではないか……それが、今日のお話の結論です。

簡単にまとめますと、京極夏彦の初期三部作では、叙述・語りの次元において、探偵小説の記述者である関口巽と、怪談の語り手である「ナレーター」という、二人の語り手が存在している。そして初期三部作とはすなわち、語り手が関口から「ナレーター」に移っていくプロセスであり、それは同時に「探偵小説」というジャンルから、その境界の向こう側の別のジャンル、つまり「怪談」へと近づいていくプロセスだったのではないか、ということです。ご静聴ありがとうございました。

【付記】この発表は、百鬼夜行シリーズを論じた筆者の論文のうち、初期三部作を論じた箇所をライヴ版として大幅に再構成したものである。発表では省略された詳細な議論、および『鉄鼠の檻』以後『邪魅の雫』や「墓の火」に至るまでの作品群の検討を含む全長版は、太田晋「百鬼夜行と探偵小説の臨界　京極夏彦「百鬼夜行シリーズ」におけるジャンルの境界とその彼岸」として、井上昂也編『MYSTERIANA号外　可燃性物質』（成城大学ミステリークラブ、二〇一五年）、七九〜一一一頁に収録されている。

民俗学というメソッドからみた怪異の語られ方

常光 徹

今回私は、怪異の語りを民俗学の立場から考えるというテーマをいただきました。どういう視点でお話をすればよいのか、と考えましたが、シンポジウムの副題に「伝承と創作のあいだで」とありますので、本日は、伝承という営みに注目して、話をさせていただきます。民俗学の分野では、基本的に口から耳へと伝えられる口伝えの文化を口承文芸と呼び習わしています。その対象は、「謎々」「諺」「語り物」をはじめとして、これからお話しします「伝説」「昔話」「世間話」と、実に多様です。特に、「伝説」「昔話」「世間話」は、総称して「民間説話」、あるいは「民話」と呼んでいます。口承文芸に関心を持つ方は、ふつうに使用するたいへん身近な用語ですが、しかし最初からこのように分類されていたわけではありません。柳田國男は、一九四八（昭和二三）年に『日本昔話名彙』を出版します。これは、我が国で最初の本格的な話型索引の書として知られているのですが、その序文で次のように述べています。

たしか明治四十三年に、私が『遠野物語』という書物を世に公けにした時に、その終りの所に遠野地方のムカシコが二つほど載りました。之はその著者が、偶然に子供の時の記憶を持って居ただけであって、それを筆記した私までが、まだ此時には「昔話とは何ぞや」といふ事を考へて見ようともしませんでした。

一九一〇（明治四三）年に刊行された『遠野物語』は、柳田の数多い著作のなかでも図抜けて有名な書です。先ほど東さんから、『遠野物語』の成立過程について興味深いお話がありました。岩手県遠野郷の佐々木喜善が語った話をもとに柳田が書いた作品ですが、それから三八年後の『日本昔話名彙』で、『遠野物語』には、ムカシコ——ムカシコというのは「昔話」のことです——が二つほど載ったが、その当時は「昔話」について考えたこともなかった、と述べています。『遠野物語』に登場する話の多くは、現在の分類でいえば、「世間話」の領域だろうと思います。民俗学者の野村純一は、『遠野物語』が成立した頃、柳田には、「伝説」「昔話」「世間話」を区別する見解がなかった、と指摘しております。つまり、『遠野物語』出版の前後、柳田のなかで未分化の状態にあったいわば話の群れが、やがて時間の経過とともに、「伝説」「昔話」「世間話」といった用語で区別されて、そしてそれぞれのおよその範囲と特徴が明示されてくるようになった。今ではそれを私たちは、ごく自明のことのように使っている。実は、柳田が「伝説」「昔話」「世間話」の違いと特徴を徐々に理解していく過程は、たいへん興味深いものがあるのですが、今日は省略いたします。

最初に「伝説」について触れてみます。柳田の口承文芸研究は伝説への関心からスタートを切りました。一九二八（昭和三）年八月から雑誌『旅と伝説』に連載された「木思石語」のなかで、その考えを展開しています。

まず特徴の一つは「伝説は無形式である」という点です。ただ、伝説は無形式である、と言われても、一体何が無形式なのか、これだけでは漠然としていて理解し難い。自立した概念としては意味を持ち得ないところがあります。しかし、「昔話」の持つ形式性と比較することで、その具体的な輪郭を描くことができる。例えば「昔話」は、ご存知のように「昔々あるところに」と語り始めます。もちろんこれは、土地によって「とんとむかしがあったげな」(新潟県)とか「ざっとむかしあったけど」(福島県)などと、冒頭の言葉はさまざまですが、いずれも話が語り出される発端に決まった文句が入ります。当たり前ではないか、と私たちは思うのですが、実はここに柳田は着目したのです。これを語り始めの句とか、発端句と呼びますが、自明のことのように私たちが思っている最初の語り出しの言葉、これはしかし、どんな話でも「昔々あるところに」と語り始めるわけではありません。逆に言うと、「昔々あるところに」という決まった文句で語り始める、そういう話法と形式を具備した話を「昔話」として分類したのです。これに対して「伝説」には、こうした語り始めの形式はありません。

さらに、「昔話」には、話が終わったときも、その終了を宣言する、語り収めの句、結末句がつきます。岩手では「どんとはらい」、岐阜県では、「しゃみしゃっきり」、岡山県では「むかしこっぷり」などと言って話が終わります。それによって聞き手は、物語の世界から現実の世界に立ち返るわけです。この語り収めの言葉も土地によって変化に富んでいます。ですから、柳田が「伝説は無形式である」といったのは、「昔話」の形式性に対置させることで、伝説の特徴を浮き彫りにしようとしたことがわかります。

もう一つは、「伝説は信ぜられている」という特徴があります。これは、「伝説」をたえず信仰現象のレベルに引き寄せて解釈しようとする、柳田の思考が強く働いているように見受けられます。ただ、「伝説は信ぜられている」とひとことで言われても、簡単には納得できません。実は、信じるということと関わって、柳田自身は伝説と歴史の関係、伝説の合理化の問題、宗教者の関与といった幾多の課題を論じているのですが、しかし「伝説は信ぜられている」という言葉を鵜呑みにする危険性は、はやくに関敬吾や大島建彦が指摘しています。大島は「みずから平家の子孫と信ずるものにむかって、『それはうそだろう』と疑ったりすると、本気で怒られるかもしれない。それに対して、目の前の二つの沼が、何とかいう大男の足跡であったといっても、そのとおり真面目に信ぜられるわけではない」と述べて「伝説がどれだけ信ぜられるかということは、何がどのように伝えられるかということと、深い関わりを持っている」指摘しています（『日本民俗学』東洋大学通信教育部、一九九四年）。関敬吾もこの点に関して、時代や地域、あるいは語り手と聞き手の関係によって、その伝説の信憑性というものは当然変化する、と述べています。

今ひとつは、「伝説は土地や風物と結びついている」という点を特徴としてあげました。たしかに、調査をしていますと、事物との結びつきはたいへん重要な視点だとわかります。伝説は、事物の由来や謂れを説くという性質を色濃く持っている。例えば、各地に「弘法清水」の伝説が伝えられています。「昔、弘法大師がやって来て村の娘に水を所望した。しかし村には井戸がなかったので、娘は遠くの谷川から水を汲んできて差し上げた。それに感謝した大師が杖を地面に刺したところ、清水がこんこんと湧きでた。それが現在のこの井戸だ」、という内容である。この場合、井戸は事物に該当します。その井戸の由来、謂れを説く話が伝説といってよい。伝説における事物の機能は、この話は嘘ではなく本当なのだと訴える、信憑性を高める効果があるとされています。もちろん、言い伝えとしての伝説と歴史的な事実とは区別して考えなければなりませんが、そういう語りのなかに事物が出てくることで、信憑性が高まるという面があるのではないでしょうか。

民俗学者の梅野光興は、高知県大豊町の調査から、伝説における事物の働きについて論じています。梅野によれば、民俗社会では文字によらず、生活空間のなかの木や石や風景を記憶装置として、そのなかに物語を書き記していったという。伝説は、民俗社会に特有の記憶の方法だった。つまり、文字と縁遠かった人々が、大きな事件や災害にあったときに、木や石といった事物に記憶を刻み込んで語り継いでいく。その意味で、伝説の事物は記憶装置である、と言い換えてもよいのではないかと述べています（「記憶する民俗社会――伝説研究の再検討」『日本学報』十号、一九九一年）。

柳田が挙げた、伝説に関する三つの特徴は、「昔話」と「伝説」、さらに「世間話」と比較したときの時間認識の違いや、話の語られ方の違いを考えるうえで大きなヒントを含んでいます。「昔話」は、先程言いましたように、例えば「昔々あるところに、お爺さんとお婆さんがあったとさ。お爺さんは山へ芝刈りに、お婆さんは川に洗濯に」といったふうに語り始められます。「昔々」ですから、それがいつのことなのかははっきりしません。「あるところに」というわけですから、一般に場所も特定されない。また、「お爺さんとお婆さんがあったとさ」という言い方からは、固有名詞が出てこないのがふつうです。つまり「昔話」というのは、特定の時間とは無関係の時空のなかで繰り広げられる物語、と言ってよいかと思います。

このような「昔話」の時間に対して、「伝説」の時間は、現在の延長線上にある遠い過去のある時点で（本当に）あったとされる時間、と言ってよいでしょう。現在の事物にまつわる言い伝え、その延長線上にある遠い過去のある時点――ある時点といっても、歴史上の具体的な年月日が特定されているという意味ではありませんが――で実際にあったというふうに語られる時間、これが「伝説」の時間です。言い換えれば、「伝説」は遠い過去に実際にあったことだと言うだけではなくて、そのような語り方によって、事物にまつわる現在の情報の解釈を過去へと送りこんでいる、という言い方も可能でしょう。これが一つの特徴だろうと思います。

「世間話」という用語を民俗学では用いますが、これは一般に言う噂話とか、現代伝説なども深く関わる言葉です。この「世間話」の時間認識としての特徴は、常に身辺の話題に現在化した話され方をするという点にある。聞き手と話し手が共有する場の情報を巧みに取り込みながら、身近な話題として、現在の時間のなかで展開していく。そういった話法で、たとえ過去の話題であっても、現在化された時間のなかでリアリティーを生成していく、という面があります。

ですから、民俗学、特に口承文芸の領域での「伝説」「昔話」「世間話」という用語は、時間認識の違いという面から見ると、「昔話」のように、特定の時間と切り離された時空のなかで展開する虚構の物語という場合と、「伝説」のように、遠い過去に実際にあったとされる時間のなかで語られる場合、さらに「世間話」のように、常に身辺の話題に現在化した出来事として話される場合、そういった違いが認められるだろうと思います。

ここで、異人殺し譚の語られ方についてお話しします。話の中に登場する「異人」とは、廻国巡礼の六部ですとか、旅の薬売りなどのように、村の外からやって来て一夜の宿を求め、翌日には旅立っていく人たちのことを指しています。こうした異人を殺害して、金品を奪うという話が、全国各地に伝えられています。「こんな晩」という昔話を要約してみましょう。

むかし、村にやってきた旅の六部がある家で宿を乞う。家の主は六部が大金を所持しているのに気づき泊める。夜中に六部の寝ている部屋に忍び込み、殺して金を奪う。家はみるみる豊かになり、やがて男の子が生まれた。念願の子どもを授かったものの、何年たっても口をきかない。親が心配していると、あるとき「しっこ」と言う。子どもがしゃべったというので、よろこんで庭に連れていく。その晩は満月だった。庭の木のもとでおしっこをさせていると、子どもが親の顔を見上げて「おまえが俺を殺したのも、こんな晩だったな」と言う。

この話は広く知られていて、「こんな晩」と呼ばれています。それは、子どもが親に向かってその旧悪を暴露する最後の言葉からの命名であるわけです。六部が被害に遭うのは、村のなかの百姓家という話が多いのですが、渡し舟の上で船頭に殺されるといったケースもあります。六部を殺害したのちに生まれた子どもは、明らかに被害者の生まれ変わりです。

口がきけないと思われていた子どもが、ある晩突然口を開いて、父の旧悪を暴露するという、最後の場面がたいへん印象的です。

新潟県栃尾市に伝えられる「昔話」ですと、ある日、父親が鮭を料理するところを見ていた子どもが、突然父親に向かって、「俺を殺したときみてぇに、いっぺえ血が出たな」と、殺害の現場を生々しくしゃべるという話もあります。この話の底流には、罪を犯せば何らかの形でその報いを受ける、という因果応報の思想が流れています。一七二六（享保一一）年の『諸仏感応見好書』という仏教説話集に「座頭ヲ殺シテ子ト生ル」という、「こんな晩」の話とほぼ同じ話が載っていますが、ここでは、生まれ変わってきた子が、父親の悪事を暴露するにとどまらず、最後には親を殺します。おそらく本来は、生まれ変わった子どもが、過去の恨みを晴らすということに重要な意味があったのだろうと思われるのですが、現在の「昔話」では、父親の殺害はほとんど語られず、旧悪の暴露――「おまえが俺を殺したのも、こんな晩だったな」という最後のせりふに、話の関心が傾斜している。いわば、父の殺害を話の底に沈めることで、秘密の暴露に伴うその後の悲惨な末路を暗示しているとも解釈できる。これが「昔話」です。このように「昔話」として語られる異人殺し譚は、あくまで、昔々ある村にやって来た旅の六部と百姓家の主《あるじ》の話であって、それがいつ、どこで、具体的にだれが起こしたのかは語られません。話の持つ怖さは、最後の悪事を暴露する子どもの一言にあるわけです。

ところが、同じ異人殺し譚でも、これが「伝説」となると、様相が変わってきます。「伝説」は、先ほど言いましたように、ある具体的な事物にまつわって遠い過去に実際にあった、という語られ方をする。この場合の事物というのは、特定の集落や家、あるいは人物ということになります。例えば、具体的に「何々」村の「何々」家は、今あんなに金持ちなのだけれど、実は今から百年前の「〇〇爺さん」の代に、外からやって来た六部を家に泊めて夜中に殺し金を奪った、それで豊かになったのだ。しかしその祟りで、今も生まれてくる子どもに不幸が続く、例えばこのように語られるわけです。

小松和彦は、「異人はなぜ殺されたのか――異人殺し伝説の生成と意味」(『日本伝説大系 別巻一』みずうみ書房、一九八九年)という論文を発表しています。そのなかで、伝説として語られる場合には、場所や人物、家などが特定化され、固有名詞が登場する。そして「特定の家を排除しようとする観念が強く表出されているという、伝承である」と述べています。今回は、語られ方がテーマですから、それ以外のことには触れません。特定の家になぜ異人殺しの話が付着したのかというのは、また別の問題です。実際、過去にその家の者が異人を殺したのかといえば、まず事実ではないでしょう。また、旅の六部の所持品を奪ってみるみる家が豊かになるなんてことは、常識では考えられません。ここでは異人殺しを「伝説」として語る場合、「昔話」と違って、話に漂う怖さの質がおのずと異なる、ということを指摘したかったわけです。

また、「こんな晩」の異人殺しとほぼ同じ内容の話が、「世間話」として話されるという例もあります。「世間話」は、これまで述べたように、身辺の話題に現在化した話である、という特徴がある。江戸時代の資料ですが、一七六二（宝暦一二）年、廻国中の六部が懺悔話として自分の身の上話を語ったという記録があります。この男は、大井川の河原で川越しをしていた。そこにたまたまやってきた旅人が金を持っているのを見て、川の途中で殺して江戸に逃げるわけです。やがて妻との間に男の子が生まれるが、全くしゃべらない。それを嘆いていたところ、あるときフッと子どもが声を発して、「大井川のこと忘れ給ふな」と父親の旧悪を暴露する。それにショックを受け、子どもと金を妻に預け、自分は廻国巡礼の旅に出たのだ、と。これは、昔々あるところで起きた「昔話」ではなく、遠い過去に実際にあったとされる「伝説」でもなく、数年前の六部自身の身の上に起きた自らの体験談として語られています。「世間話」は語り手の身近で、いかにも本当にあったかのように、まことしやかに話されるため、聞き手にとって他人事ではないある種の共感を伴った怖さを呼び起こす、そういうリアリティーがあります。もちろん、これも事実というよりも、あくまで話の域を出るものではありません。

興味深いのは、諸国を渡り歩く六部自身が、異人殺しの当事者として登場しているということです。ここに、伝播者としての六部の姿が浮かび上がってくるわけですが、背後には、旅の者を殺害すれば悲惨な結末が待ち受けているという因果応報の話から、漂泊の旅に明け暮れる危うい身の上に対する自己防衛の思惑も読み取れるような気がします。現在のタクシーの怪談のなかにも、形態的な行動としてはほぼ同じような話が伝えられています。

ここでは、話の語り方という視点から、民俗学の対象としての「伝説」「昔話」「世間話」の特徴をお話ししました。基本的に同じ内容の怪談話であっても、時間認識の違いによる話法に注目するとき、それぞれその訴える怖さや不気味さの様相といったものが、相当大きく変わってくる、ということであります。これで私の話は終わりにさせていただきます。

喜多崎 親

〈出る〉図像 ――絵画はいかに怪異を語るか

今日は、「〈出る〉図像――絵画はいかに怪異を語るか」という変わった話をします。ここまではみなさん、口承文芸も含めて文章的なもので怪異を語るという問題を扱ってこられたのですが、私は美術史が専門ですので、視覚的な観点からこの問題を扱います。

怪異と絵画の関係ですが、まず怪異をここでどう考えるか。字を読めば、「あやしいこと＋ことなること」ということで、普通と異なっているということが、言葉のニュアンスのなかにあります。同時に怪異とは、一時的に現れる怪しい現象やモノでもあります。例えば、妖怪みたいな奇妙なモノがそこにいても、それがずっとそこにいていつでも見られたら、それは怪異ではなく、単なる珍獣になってしまいます。怪異は現れたり消えたりするという点が大事なわけです。

幽霊を例にして考えてみますと、文章で「幽霊が出た」と言えばそのまま伝わります。つまり、出る前のいない状態から時間が経過して出てくるということがわかる。ところがこれをイメージで表そうとすると、まず幽霊とわかる何らかの形を示さなければならない。普通の女の人がただ立っているだけでは幽霊には見えないが、お岩さんのような顔をしていると、これはお岩の幽霊だとわかる。また、ただいるだけでは、そういう容貌の人がいるということになるだけなので、異常なものが現れる、この世でないところから出てくるという様子を表すためには、時間の経過が何らかの形で示されなければならない。したがってイメージの場合、出ていない状態から出た状態へという時間的経緯をどのように示すかということが問題になります。そこで通常は、複数の、あるいは連続するイメージを使うことによって表される。例えば、絵巻物や挿絵などのように絵が続いているもの、あるいは連作のように個々では別の作品でも、並べて見ることができるものです。もちろん、現代ではコミックや映画がそれにあたります。

西洋でも、中世までは、写本挿絵や壁画など、連続する場面が描かれることが多かったのが、ルネッサンス以降になると、タブロー、つまり板やカンヴァスなど移動が可能な一枚の平らなものに描かれた絵が中心になっていく。そうすると、その一つの作品の画面のなかにあっては、単一の時間を表すものになる。現実を切り取ったように見せるということは、すなわち一瞬の場面になってしまうわけです。

この作品は、一八世紀末にイギリスで活躍したスイス出身の画家、ヘンリ・フュースリの《ハムレット、ガートルードと王の亡霊》です【図1】。ハムレットの話を知っている人であれば、ここに立っている人物が父王の亡霊であるとわかる。ところが、そういう知識なしにいきなりこれを見ても、鎧を着た男が立っているとしか見えない。つまりここには、「現れた」という要素を特に示すものが何もない。しかも、容貌にも——言われてみれば、色合いがちょっと違うかなとかという程度で——幽霊だとわかる要素がない。要するに、これは物語を知っていることを前提として鑑賞される絵画であるということがよくわかります。

こうした超自然のものを何らかの形でわかるように描きたい、そういう欲求が当然画家にはある。例えばこの絵は一八一三年にアングルが描いた《オシアンの夢》です【図2】。ジェイムズ・マクファーソンという作家がアイルランドの伝説をもとにスコットランドの叙事詩として作り上げた物語を主題にして描かれたものです。武人であり詩人でもあるオシアンは一族のなかで一番長生きをする。その彼が過去を振りかえるという形で、叙事詩が語られま

【図 1】
ヘンリ・フュースリ《ハムレット、ガートルードと王の亡霊》
1793 年、パルマ、マグナーニ・コレクション

【図 2】
ジャン=オーギュスト=ドミニク・アングル《オシアンの夢》
1813 年、モントーバン、アングル美術館す。これはオシアンが今見ている夢を描いているので、必ずしも亡霊ではありませんが、死んだかつての仲間たちが夢に現れている。モノクロームで、雲のなかに現れる死者の世界。しかし、これは現実のものではないと区別はできるのですが、出現するという要素は表されていない。

一九世紀後半にギュスターヴ・モローという画家がいます。この画家が描いたサロメを主題にした有名な絵に《出現（L'Apparition)》という作品があります【図3】。この絵をパッと見ると、サロメの前に切られたヨハネの首が浮いているように思える。ところがよく見ると、サロメ以外の人物は誰も驚いていていない。つまり、これはサロメにしか見えていない幻なのです。それを指して、タイトルが「出現」となっているわけで、まさしくこれは「出てきた」ということを表そうとしている。しかし、絵として表したときには、三次元的に空間に首が浮かんでいるという形にならざるを得ない。

このモローから強い影響を受けた画家に、オディロン・ルドンという画家がいます。ルドンは、モローの絵を下敷きにして構図もほとんど同じ、題名も同じ《出現（L'Apparition)》という木炭画【図4】を描いています。ただ大きく違うのは、ルドンの絵には浮かんでいる首の前に黒い玉がある。これは日蝕か月蝕のイメージだと思うのですが、これを使って、隠

【図 3】
ギュスターヴ・モロー《出現》
1876 年、パリ、ルーヴル美術館

【図 4】
オディロン・ルドン《出現》
1883 年、ボルドー美術館

れているところから出てきた、という時間の経緯を示そうとしています。しかも構図もタイトルも同じなので、この絵を見た人が皆モローのあの有名な絵を思い浮かべるだろうということをおそらくルドンは意識したうえで、サロメでもヨハネでもないものを描いた。つまり、ヨハネの首が出現するということから主語を取ってしまって、ただ「出る」という現象を描こうとしたのではないか。具体的で個別的な対象や行為ではなく一般的で抽象的なものにする、「出現」という現象そのものを視覚化した。これは注目すべきことだと思います。しかもそれを表現するのに、物の陰から出てくるという技法を使っています。

なぜこの時期にこういう作品が描かれたのかというと、それはおそらく印象派の問題と関わっていると思います。ドガは、しばしば画面のなかに、例えばこのようにポールや物を置いてそこを横切る、後ろを通過するという形で、運動つまりこちらから向こう側に対象が移動するという時間の経緯を表しました【図5】。それによって現在性を描こうとする。こういう感覚を、いわばルドンが応用していったとも考えられます。

ちなみにドガのこういう構図には、しばしば日本の浮世絵の影響が指摘されています。実際に浮世絵をもとにしたかどうかはともかく、柱があって後ろに人物が立つという構図は浮世絵によく出てくるので【図6】、それを参考にしたのではないかということです。ただし、

図 5
エドガー・ドガ《スタート前の騎手》
1876-78 年
バーミンガム大学バーバー美術研究所

図 6
鳥居清長《庭の雪見》
18 世紀、高橋コレクション

大きな違いが一つあります。日本美術の影響を指してよくジャポニスムと言いますが、そのときに気をつけなければならないのは、日本のものをそのまま取り入れているわけではないということです。この浮世絵の場合、こういう構図と運動には関係がありません。これに対して、ドガやルドンなどの場合は運動と時間の問題として構図を使おうとしている、そういう差があります。

ルドンという画家は、目に見えないものが見えるとか、現れるということに非常に関心があったようです。ルドンは一八九六年に『幽霊屋敷』【図7】という、石版画のシリーズを制作しています。これは彼のオリジナルのお話ではなくて、イギリスのブルワー・リットンが書いた有名な怪奇小説『幽霊屋敷』に基づいたものです。ルネ・フィリポン伯爵という、ルドンの若い友人で、錬金術の研究などをしていた人が、世紀末のオカルト雑誌『秘儀入門《リニシアシオン》』にこの『幽霊屋敷』をフランス語に訳して連載しました。それを本にまとめるときに、フィリポンがルドンに、挿絵としてではなく別冊のアルバムの形で版画集を依頼した。ルドンは六点制作したうちの四点で、幽霊屋敷でいろいろな現象が起こる、何かが現れる、という場面を繰り返し描いています。ところが、テキストとよく読み比べると微妙なずれがある。テキストから読み取ったことを、独自に、視覚的に現れる現象として描きたい、という意思が

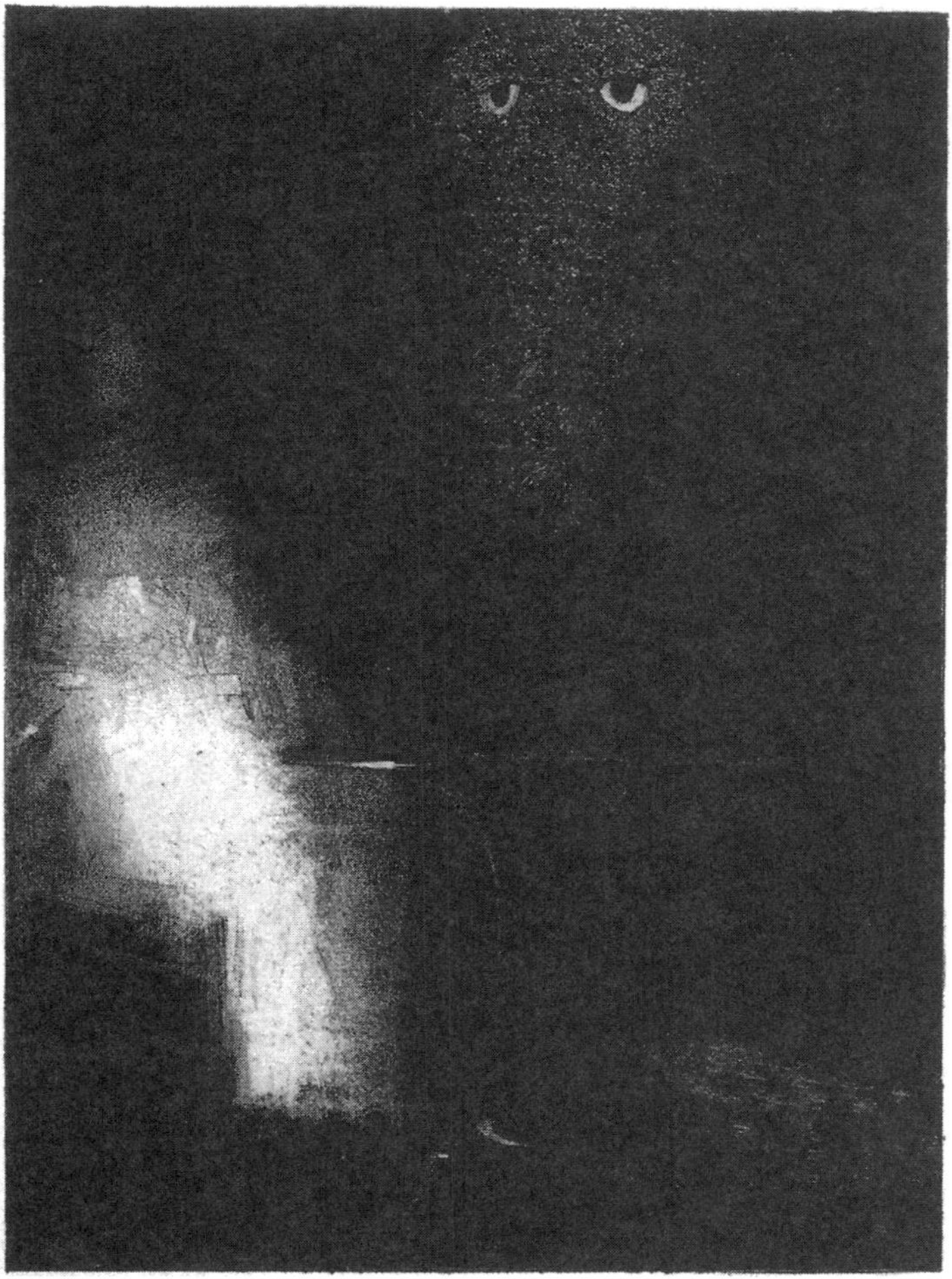

【図 7】
オディロン・ルドン《Ⅰ. 私はそのうえに、人の形をしたぼんやりとした輪郭を見た》
石版画集『幽霊屋敷』より　1896 年、岐阜県美術館この画家にはあったようです（喜多崎親「物語らぬ挿絵——オディロン・ルドンの版画集『幽霊屋敷』の方法」『成城美学美術史』二二号［二〇一六年三月］）。

このように西洋の絵画における幽霊に関しては、ある特定のお話に特定の人物の幽霊が出てくるという、一つの物語の一場面として描いているものが圧倒的に多くて、日本でよく見られるようないわゆる「幽霊画」と言われるジャンルは、ついに成立しえなかったようです。

これに対して、日本で近世になって成立した「幽霊画」と言われるものは、基本的にストーリーがない、無名の幽霊を描いたものです。掛軸に、男でも女でもいいのですが、大きく幽霊が描かれる。たまにこれはお岩であるとわかるものもありますが、ほとんどの場合、誰の幽霊かは問題になっていません。ただただ幽霊という一般的なものを描いている。幽霊画に関してよく指摘されることがいくつかあります。まず、幽霊に足が描かれなくなるという問題です。また幽霊が描かれるものとしては、歌舞伎の四谷怪談のように特定の話を描くのもありますがそれは浮世絵としての芝居絵で、基本的に幽霊画というジャンル自体は、軸絵、つまり掛軸として成立しています。さらに、幽霊画には描表装《かきびょうそう》がしばしば見られます。描表装というのは、掛軸では普通描いた絵を布で表具に仕立てるわけですが、表具の部分まですべて絵として描くものです。こういった幽霊画の特色として挙げられている問題点を考えるうえで、始めにお話した西洋の絵画の視点が役に立つのではないかと思います。

さて、幽霊には足がない、とよく言いますが、実は幽霊には足がないという伝承はありません。幽霊が登場する江戸の怪談話の挿絵には、足がある幽霊もいます。つまり、この足がないという問題は、まさしく足が描かれないという絵画の問題である、と考えられます。一八世紀の円山応挙が描いた青森の久渡寺にある女性像【図8】が――最近になってかなり真筆に近いのではないかと言われているので、応挙の幽霊画として挙げておきますが――足のない幽霊の最初だと一般に言われています。これは、実は俗説に過ぎないのですが、応挙の幽霊画の系譜が幽霊画の最初期に位置していて、掛軸で、単独像で、足を描かない、とい

【図8】
円山応挙《幽霊図あるいは反魂香之図》
安政期（1772-9年）、弘前、久渡寺

うパターンを普及させたことはおそらく間違いではありません。

いつから幽霊に足が描かれなくなるのかについては、諏訪春雄さんが、応挙以前の一六七三（寛文一三）年の古浄瑠璃『花山院ささきあらそひ』の挿絵【図9】のなかで、実はすでに足のない幽霊が描かれている、という指摘をなさっています（諏訪春雄『日本の幽霊』岩波新書、一九八八年）。浄瑠璃は御伽草子の系譜を引いた物語を三味線で語るものですが、それを挿絵本に仕立てたものです。これが確認される最古の足の描かれない幽霊である、と考えられています。つまり、応挙より前にすでにそれはあったのです。

【図9】
浄瑠璃本『花山院きさきあらそひ』
寛文13（1673）年、東京、早稲田大学演劇博物館

それではどうして幽霊画に足が描かれないのか。その理由については、これまでにいろいろな説が考えられてきました。最初に言われたのが、歌舞伎の演出で、幽霊役が漏斗《じょうご》という先の細くなった衣装を着けたことが始まりである、という説です。ただ、この歌舞伎の演出は幽霊画よりもあとに出てきたものなので、今日ではこの説は完全に否定されています。こういう形の歌舞伎の演出としては、小幡小平次などが出てくる舞台に見られますが【図10】、これは一八〇八年、すでに一九世紀になってからのことです。

【図10】
初代歌川豊国
《尾上松助の小はだ小平次ぼうこん　同女房二役》
『彩入御伽草』文化 5（1808）年
東京、早稲田大学演劇博物館

二番目の説としては、先の諏訪春雄さんが挙げている別の説があります。死者はしばしば雲を乗り物としているので足が隠れる。それに、霊的な存在は雲がなくともよく空を飛んでいる。つまり、足を隠している死者が、雲がなくなっても足が見えなければ、足がないということになるという理屈です。ただこれだけではやや根拠として足りないと思っていらして、地獄の亡者は手や足を切られるという話がこれと複合的に重なり、足のない幽霊が描かれるようになったのだとおっしゃっています。しかし今日では、この説も説得力に欠けると考えられています。実際に、幽霊が雲に乗っている絵は、ほとんどありません。崇徳院の怨霊が眷族を連れてくる場面に雲が描かれているものはありますが、単独の幽霊画で雲に乗っているものはありません。それに手のない幽霊画もない、つまり亡者が地獄で手足を切られるという話が、幽霊画に足がない理由に直結するとはとても思えないのです。

最後に、三つ目の説として、「反魂香図《はんこんこうず》」との関係があります。漢の武帝が、李夫人という非常に美しい女性を寵愛していたのですが、早くに亡くしてしまう。それを偲んで、方士に頼んで霊薬を手に入れてお香にして焚きます。すると、その香の煙のなかから李夫人の姿が現れる。これが反魂香の話で、この話をもとに描かれた絵は、香の煙のなかに女性の姿がぼうっと浮かび上がって立っているという絵になりますので、足のほうが隠れている【図11】。

【図11】
狩野探幽《反魂香図》
制作年、所在不明
(『國華』掲載の木版画複製による)

河野元昭さんの指摘によって、先程の応挙が描いたあの久渡寺にある幽霊画も「反魂香図」であることは、箱書きなどからも今日ほぼ確実視されています(河野元昭「応挙の幽霊——円山四条派を含めて」辻惟雄『幽霊名画集 全生庵蔵・三遊亭円朝コレクション』ぺりかん社、一九九五年)。こういうことから、足のない幽霊と反魂香には関係があるのではないか、と考えられます。ただ「反魂香図」を足のない幽霊の淵源とすることは可能かというと、これも難しい。実は反魂香の場面ではない挿絵のほうが、先程の『花山院ささきあらそひ』の例のように早くに成立している。「反魂香図」から逸話的要素が排除されたものが幽霊画と同一化していくということはあっても、「反魂香図」をもとに足のない幽霊が描かれるようになったとするのは、ちょっと無理があるようです。

こうなると、どうして幽霊には足がないのか説明がつかなくなります。加治屋健司さんは『花山院きさきあらそひ』の幽霊を出現するところではないかという重要な指摘をしています（加治屋健司「日本の中世及び近世における夢と幽霊の視覚表象」『広島市立大学芸術学部芸術学研究科紀要』一六号［二〇一一年三月］）。ここでこの絵をもう一度よく見ていただきたいのですが、この幽霊は庭先にいます。こちら側を見て、おそらく家の中の人物に対してこれから何かを語りかけるといった場面だと思われます。半分姿が消えているのは足がないということではなくて、まず半分姿を現し、これから全身が出てくるという過程を表していると考えることができるというわけです。

この説は大変説得的ですが、だとしたらなぜそれが幽霊画の基本パターンになっていくのかという問題が残ります。ここで先にお話しした、幽霊画は軸絵が多いということが意味を持ってきます。軸絵はその性質上、基本的に単独の場面を描いており、並べて連続して見るものではないし――風景画であれば四季図ということで四枚組ということもありますが――時間表現をするということは普通ない。それに縦長であるために、人物を大きく描くと周囲の状況が描けない。さらには、掛軸ですから掛けて鑑賞します。こういうことと幽霊画の性質は、当然関わっているだろうと思うのです。

現れるということを表すために姿が半分消えているのならば、どの部分でもいいのか？出てくる図像であるなら頭のほうが消えていてもいいのではないか？しかし、足だけの幽霊というのはありません。この世に未練を残した幽霊という存在にとって重要なのは感情表現です。恨みであれ子どもへの未練であれ、感情が一番よく表れるのが顔であると考えれば、顔を残して足を消すというのが合理的な考え方になります。

そしてもう一つ、巻いてある幽霊画の軸を掛けて上からスーッと下におろしてみますと、まず顔が出てくる。応挙の作品なら最初は、美人画に見えるわけですね。ところが、最後まで行くと、足がない幽霊であるとわかる。こういうちょっと捻った鑑賞の仕方も、おそらく軸絵の場合には考えられるのではないかと思います。

ですから、足を描かないのは絶対ではないわけです。これは、谷文一という、文化文政期の画家が描いた《燭台と幽霊》という絵です【図12】。これを見ると、必ずしも足がないわけではなくて、体の半分がボヤけて、右からこちら側に入ってくるという形で、幽霊が出てくる感じを表そうとしているのがよくわかります。しかもここにある黒い燭台の台に手が掛かり、顔が少し柄に重なることによって、その前をよぎるという、先程から取り上げている運動性が表現されていると考えられます。画家が時間の経緯というものを示そうとするときの発想の一つが、東西共通であったのだと思います。さらにこの絵をアップにしますと【図13】、画面の端に左手が掛かっています。つまり下に右手が伸びているだけではなくて、画面のなかからずいと出てこようとしている感覚が非常によく表れています。つまり、幽霊がこちら側に出てこようとしている。これは怖いわけです。

そこで、軸物として成立した幽霊画はいったいどのような場所で鑑賞されるのか、を考え

【図12】
谷文一《燭台と幽霊》
文化7（1810）年、東京、全生庵

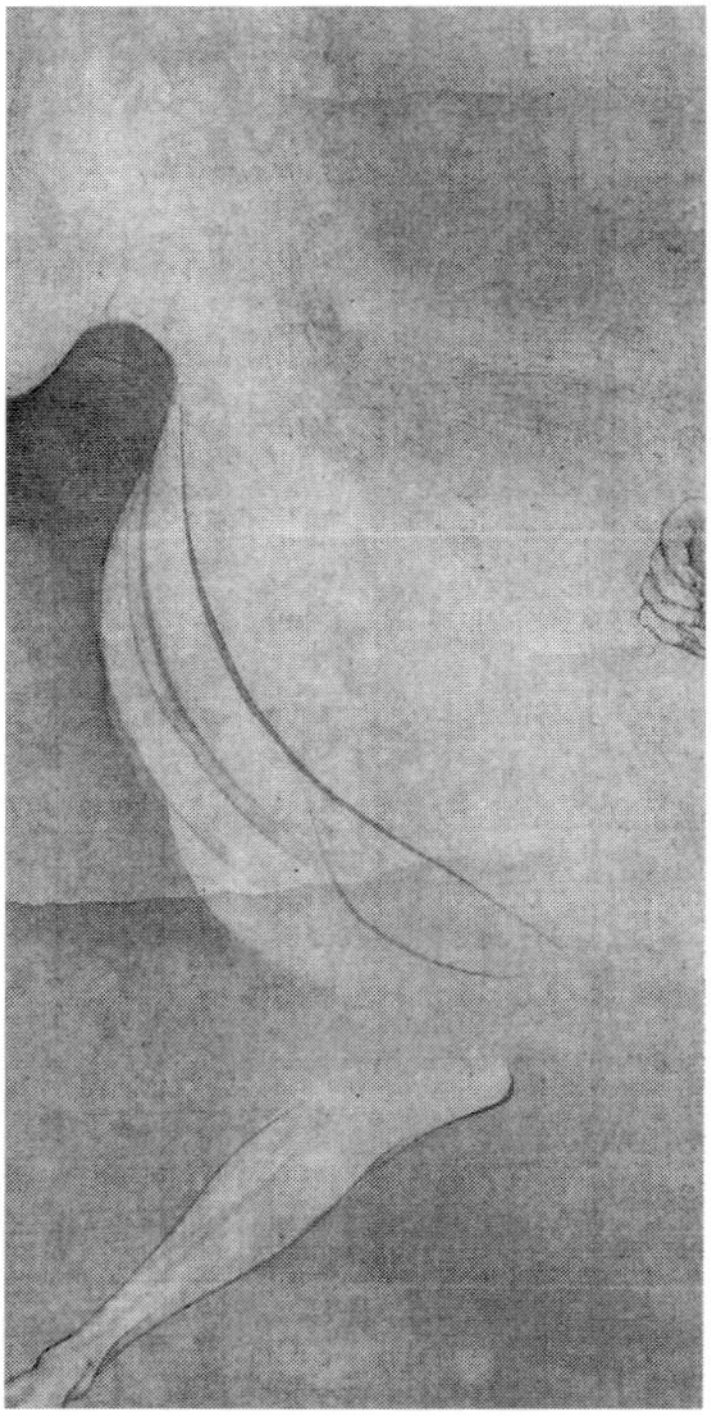

【図13】
谷文一《燭台と幽霊》
（部分）

てみます。幽霊画の研究をしている安村敏信さんは、百物語の会の場で掛けられたのではないか、とおっしゃっていますまず（安村敏信（辛酸なめ子との対談）「全生庵で、幽霊について考えた」『芸術新潮 特集 美女と幽霊』二〇一二年八月号）。私も調べてみましたが、確かに明治になってからは幽霊画のコレクションを怪談の会のときに掛けたという記述はありますが、江戸時代や応挙の頃に、実際にそのために描かれたという史料はまだ見つかっていません。安村さんも論文としては書かれておらず、推測だけで根拠は挙げていません。ただ、これは十分にあり得ることだと思います。暗い部屋のなかで、掛軸が蠟燭や行燈の灯りに下から照らし出されて、幽霊がボーッと浮かび上がる、つまりその掛軸に幽霊が出現するように見える。非常に効果的な演出です。

幽霊画に足がないのは、幽霊が「出る」という表現上の問題でもあり、また鑑賞方法とも関係している。そして軸物では、幽霊を識別するもっともわかりやすい記号として足を描かない、ということが定着していく。つまり、周囲の状況を描きにくい一点物なので、何らかの形の共通記号がないと、幽霊であると識別できない、というわけです。そして、おそらく有名な鳥山石燕の『画図百鬼夜行』あたりで、幽霊のパターンとして、足がない、死装束であるといったことが確立していったのだと思います【図14】。

この「出る」という過程を表すというのは、日本美術では幽霊のほかにも作例があります。この作品【図15】は幽霊とは違いますが、宝志和尚という中国の南朝の有名なお坊さんの伝説で、日本では『宇治拾遺物語』のなかで語られている物語がもとになっています。宝志和尚の肖像画を描くように言われた絵師が和尚を訪ねて行き、さて描こうとすると和尚が自分の顔の皮を指で引き裂き、なかから十一面観音が出てきたというエピソードです。つまり和尚が十一面観音の化身であったことを彫刻として表したものです。顔を裂くともう一つの顔が出てくるということは「出現する」ということです。ここで面白いのは、こういうものを

【図 15】
作者不明《宝誌和尚立像》
平安時代（11 世紀）、京都、西住寺

【図 14】
鳥山石燕《幽霊》『図画百鬼夜行』
安永元（1776）年、田中直日蔵

非常に荒削りな木彫として作っていることです。荒削りな木彫は通常、未完成であるとか素朴さといったことと結びつけられるのですが、この場合はそうではなく、完成され仕上げられた状態になる前に止めることで、尊いものが現れてくる過程を表しているのではないかという説があるのです。これは証明が非常に難しいのですが、日本彫刻史のほうで言われていて、大変面白い見解だと思うのでご紹介しました（金子啓明「木の文化と一木彫」『特別展 仏像——一木にこめられた祈り』東京国立博物館、二〇〇六年）。

また別の例として、能面の《生成《なまなり》》【図16】があります。これは「鉄輪《かなわ》」という貴船神社の

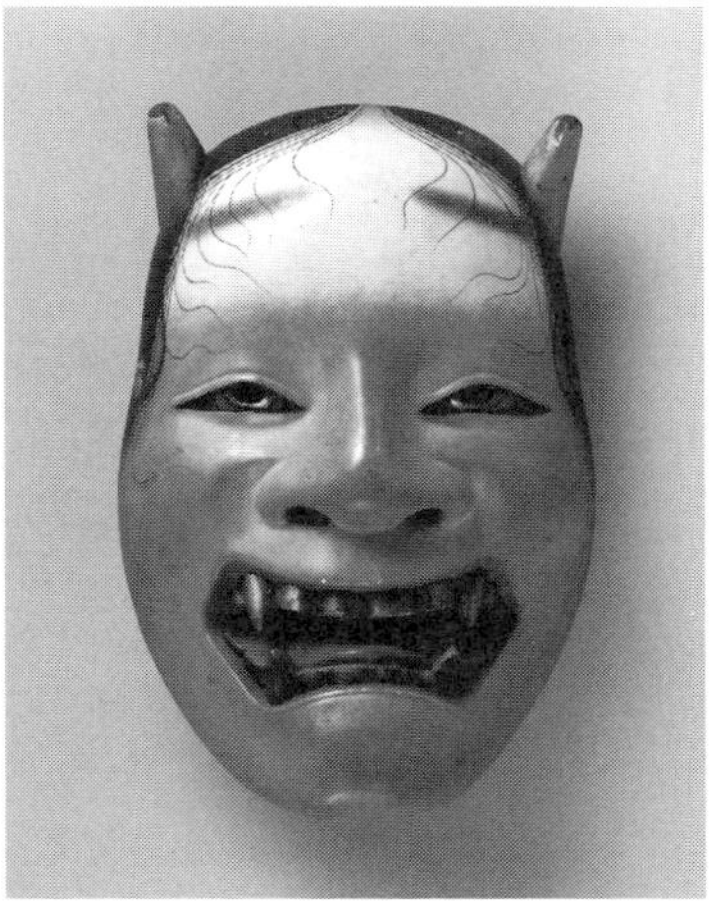

【図16】
能面《生成》
江戸時代中期、国（文化庁）所管

丑の刻参りを題材にした謡曲で使われる面で、若い女性を表す小面《こおもて》の色を途中で変え、女性が段々と般若に変化していく経過を表しています。こういうものも幽霊画と同じように、何かが出てくる、変化するという文脈のなかで捉えることができます。

江戸時代に描かれ始めて、明治期にたくさん描かれる幽霊画のなかで、画家は「出る」ことを示す道具立てに様々な工夫をしています。例えばこの落合芳幾の作品【図17】だと、窓から覗く、まさしく物理的に出てくるという形をとっています。それから有名な鰭崎英朋《蚊帳《かや》の中の幽霊》（というより蚊帳の後ろではないかと思うのですが）【図18】、行燈の後ろに女性が立っていて、この光や蚊帳の方向は同じ斜めに描かれている。左を向いている女性はそのまま進んでくる、つまり蚊帳の端から出てくることが暗示されている。それは行燈が半分しか隠れていないということからいっそうはっきりしています。つまりこの女性はただ幽霊として足がない、足が描かれない状態で立っているだけではなく、横へ動いていくという出現の仕方が表されているように思います。実は幽霊は蚊帳の中には入れないという伝承もあるようで、そのことについては、今日いらっしゃっている常光さんがお書きになっていますす（常光徹「蚊帳をのぞく幽霊」『妖怪の通り道——俗信の想像力』吉川弘文館、二〇一三年）。

そして、先にふれた描表装はまさしくこのことと関係がありそうです。表具を布で作らず

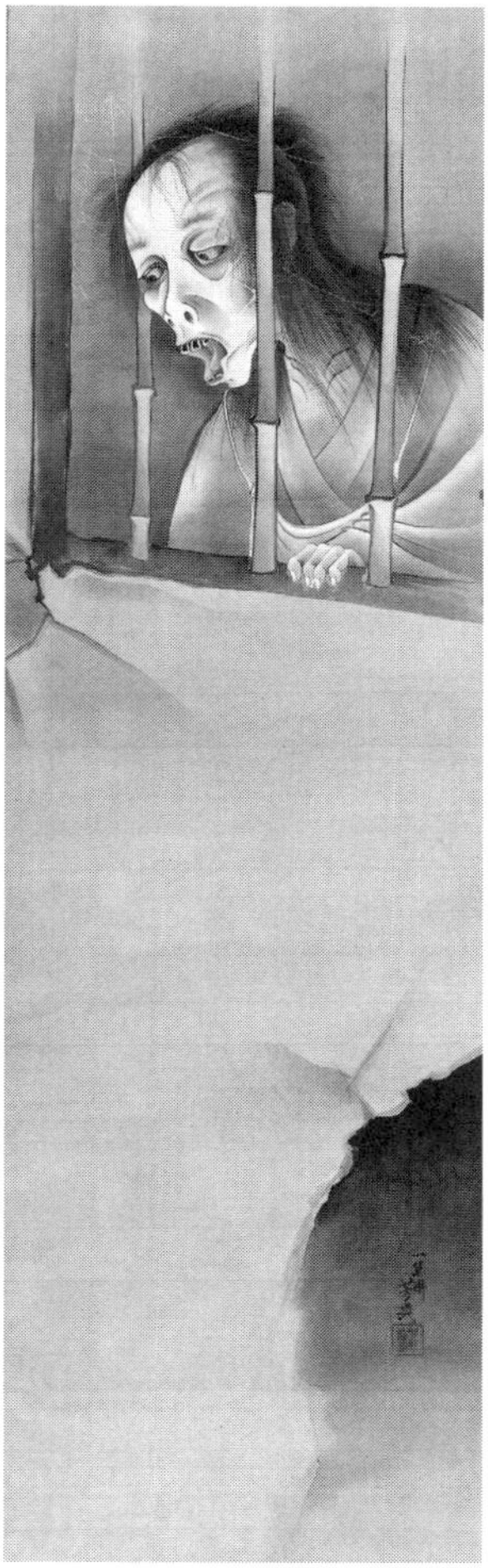

【図 17】
落合芳幾《幽霊図》
明治時代、福岡市博物館

【図 18】
鰭崎英朋《蚊帳の中の幽霊》
明治 39（1906）年、東京、全生庵

【図19】
蒔直齋《幽霊図》
文久元（1861）年
ロンドン、大英博物館

に、画家が絵の部分と枠の部分すべて描いてしまう。そうすると、画家は好きなように枠の外にはみ出した幽霊が描ける。つまり、この蒔直齋の作品のように【図19】、幽霊が絵の中からまさに外に出てくる。足ではなくて、頭が出てくるところが描けるわけです。暁斎も同じような作品を描いています【図20】。ここでは煙か香のようなものが軸の下から上がっていますが、幽霊自体は絵の中から出てきており、現実の世界と絵の中の世界が交差しています。あるいはこれは清水節堂という、最近までどういう人かまったくわからなかった画家の絵【図21】ですが、幽霊が完全に絵の外に立っています。そして、この髪の毛が風にたなびくのと風帯が揺れているのが一致して、現実の世界に幽霊が出てきているということが明確に示

【図 20】
河鍋暁斎《幽霊図》
明治 16 (1883) 年
ライデン国立民族学博物館

【図 21】
清水節堂《幽霊図》
制作年不明
滋賀県、清瀧寺徳源院

【図 22】
月岡芳年《応挙之幽霊》《雪舟活画》
明治 15（1882）年、佐倉、国立歴史民族博物館

されています。

さらに、明治の浮世絵師の月岡芳年、この人は無残絵みたいなものや幽霊画など、大変面白い絵をたくさん描いていますが、幽霊画に対するこうした意識そのものも描いているように思います。これは【図22】円山応挙が幽霊の絵を描いているところで、その絵から実際に幽霊が飛び出しています。ここでも幽霊には足がありません。足を描かれない状態で応挙によって描かれ、その状態のまま、今絵のなかから飛び出してくるわけです。実はこの作品は、有名な絵師が描いた絵画が実体化する様子を描いた対作品のひとつで、もうひとつは、雪舟が小僧さんのときに叱られて柱に縛られ、流し

た涙で足の指を使って鼠を描くと本物のように見えたという有名な話を描いています。応挙にこういう話は伝わっていないと思いますので、このように描くことで芳年が幽霊画を描くときに頭の方から「出る」ということを強く意識していたことをよく表していると思うのです。

今日は、日本の幽霊画の問題というものを、「出る」という叙述の視点から考えて、そのことによっていくつかある問題点が解決できるのではないか、というお話をしました。ありがとうございました。

【図版出典】

図15：『異界万華鏡――『特別展　仏像　一木に込められた祈り』展カタログ、東京国立博物館、二〇〇六

図16：『うらめしや〜、冥途のみやげ』展カタログ、東京藝術大学大学美術館、二〇一五年

京極夏彦

語り手の「視点」という問題
——怪異と怪談の発生：能楽・民話・自然主義をめぐって

京極と申します。私は通俗娯楽小説を書いております。のみならず全日本妖怪推進委員会なる無価値な団体の肝煎も務めておる者でございます。ただ、本日はくだらない妖怪の話はいたしません。おもに幽霊の話をさせていただきます。

幽霊はいつから見えるようになったのでしょうか？「いつから？　いつでも見えますが？」と……いう方も中にはいらっしゃるかもしれませんが、そういう方はお聞きになってもあまり面白くない話だと思います。

幽霊はいません。

いないのですから、基本的には見えません。でも、見てしまう人はいます。人間は生理学的な反応や心理学的な問題も含め、様々な原因で、その場にないものを見てしまうことがあるのです。ですから、何かが見えてしまうということ自体は、別に不思議なことでも異常なことでもありません。ただし、それを幽霊と「解釈」するか否かということに関しては、見た人の文化的資質次第ということになります。自分が見たものをどう解釈しようとそれは見た人の勝手、何と思おうとかまいません。錯覚と解釈する方も、宇宙人と解釈する方も、いろいろといらっしゃるわけで、それに関してとやかく言うつもりはございません。幽霊を見る人は、いつでもどこでも見えるものなのでしょう。

ただし問題なのは、その人が見た幽霊は「ほかの人には見えない」ということです。これは、当たり前のことで、身も蓋もない言い方をしてしまえば、誰かのいたずらでない限り、錯覚か、幻覚か、勘違いか、見間違いということになるわけですから、これは一部の例外を除き、見てしまった本人以外には見えないということになります。

ほとんどの神秘体験は、個人の体験でしかありえないのです。これは大前提として覚えておいていただきたいと思います。

さて、一方文化の中では、見えないもの、不可視なものを可視化する作業というのは古来頻繁に行われています。その中でも一番古く、かつそうした文化の根幹をなすと思われるものが、芸能です。

普段は鳴らさない音、普段はしない動き、普段とは違う衣装――歌も踊りも「人でないもの」とコミュニケーションを取るための手段でした。人でないものはそもそもいないのですから、交信することはできません。神様は一般の人には見えませんし、声も聞こえませんね。神仏とコミュニケーションが取れるのは、特殊な人だけです。でも、それでは大多数の一般人は納得できないわけで、だからこそそうしたプレゼンテーションが考案されたわけです。

例えば神楽はもともと神に奉納するものですが、神様からの答えはありません。拍手くらい欲しいと思うのが人情ですが、それはない。だから、自演することになるわけですね。そうして人は、「人でないもの」に成り代わるということをし始めます。

人が「人でないもの」を演じるわけです。これがすなわち不可視なものを可視化する行為となるわけですが、こうなると音や動きだけでは立ち行かなくなります。

まず、ひと目で人でないと知らしめなくてはならない。そこで、仮面をかぶったりするようになるわけです。面は、人ではないということを示す実にわかりやすい「記号」なのです。その辺のおじさんが踊りを踊っていても、「よっ、山田さん上手だね」と言われるだけです。しかし面をかぶっていれば、誰だかわかりません。記号の意味を知る人には神様に見える——とはいえ、山田さんがかぶっているることを、まあ大抵の観客は知っているわけです(笑)。これは完全にお約束なんですね。観客と演者の契約で成り立っている。

そうしたお約束が古くからあって、その上に能という古典芸能が誕生します。これは、猿楽から分かれたというか、猿楽の一つの形式が能として大成したと考えればいいのでしょうか。

皆さんご存知のことと思いますが、能はきわめて簡略化された形態の演劇です。登場人物は概ね二名プラスアルファです。ワキ、シテ、そして脇役——ワキがいるのに脇役という言い方はおかしいですね——ワキツレと呼ぶようですが、それだけの、ごく少人数で演じられるものです。さらに、ほぼ全部がワン・シチュエーション、一つの舞台ですまされるものです。

夢幻能などという言葉もあります。ウィキペディアなどを参照しますと、超自然的なものを扱う能、と書かれています。「なんじゃそりゃ」という説明ですね。

能のシテは、概ね人ではありません。死者であるケースもあるため、それを幽霊と捉え、怪談と結びつけたりする人もいるわけですが、この短絡にはちょっと首を傾げざるを得ません。シテは多く人ではないわけですが、幽霊としてしまうのはどうでしょう。まして怪談となるといかがなものか。例えば大昔の人——昔の人は大体死んでいますから今の感覚では幽霊になるのでしょうが、この場合は時空を超えると捉えた方がいいように思います。それからシテは神様である場合もある。それだけではありません。無生物だったり、あるいは、後に化け物と呼ばれるようなものだったり、さらには狂女物などと呼ばれる曲に出て来るのは精神に変調をきたした人だったりもするのです。これらを共通項で括るならば、「コミュニケーションの取れない相手」とするべきでしょう。幽霊なんかではない。

神様はいませんから、通常コミュニケーションは取れません。死んだ人や昔の人とも取れません。そして、少々精神に変調をきたしてしまった人とも、正常なコミュニケーションは取れないのです。木や草や、まして化け物とは絶対に話はできません。そうしたものが、シテとして擬人化されて壇上に乗ります。そのコミュニケーションが取れないであろう相手と会話をするのが、ワキです。

ワキは、コミュニケーションが取れない相手と観客との媒介者なのです。

媒介者——小松和彦先生の憑霊信仰論的に言うと、審神者（さにわ）ということになるのでしょうか。ワキの存在があって初めて、観客はシテと交流することができる。つまり能というのは、ワキの「視点」で展開される演劇ということができるでしょう。ワキがいなければば、観客は壇上に上がっているシテの言葉を理解することは、本来ならできないはずなんです。

能の大成者・世阿弥の息子である観世元雅が作った「隅田川」という曲があります。これは先程言った狂女物ですね。子どもをさらわれ、悲しみのあまり精神に変調をきたしてしまった女性が、船頭さんに身の上話をするという筋書きです。結論から言いますと、そのさらわれた子どもは亡くなっているわけです。しかもすぐそばの塚のなかに埋葬されているんですね。狂女はワキとの会話で、それが自分の息子の墓だと知る。嘆き悲しむ狂女の目には、塚から出て来た子どもの姿が見える。これは、まあ子どもの「幽霊」です。実際に、作り物の塚の後ろから小さな子どもの役者が出てくるという演出でした。

この演出を見た世阿弥は、「これはダメだ！　そんなのを出しちゃいかんだろ！」とダメ出しをした、と伝えられています。これは世阿弥の『申楽談義』という本に書かれていることなのですが、何がいけないのかおわかりでしょうか。

幽霊が見えているのは、狂女だけなんですね。ワキは狂女とコミュニケーションが取れているから、狂女が幽霊を見ていることはわかるのだけれど、ワキの目——観客に子どもの幽霊が見えるのはおかしいことになるわけですね。これは理屈が通らない。世阿弥は至極真っ当な指摘をしたわけですが、何故いけないのか息子にはわからなかった。子どもを出さなければ観客に何が起きているのかわからないと主張した。結局、子どもは舞台に出ることになりました。最近になってようやく子どもを出さない演出が試みられるようになったようですが、ずっと子どもが出る形で演じられていたようです。

でも本来的に、狂女視点でない限り子どもの幽霊が見えるはずはないんですね。幽霊のような見えないものを可視化するには、それなりの手続きが必要になるのです。そのためにワキ／シテというお約束が作られたわけです。幽霊が見えるのは見ている人だけ、誰にでも見えるのは変だ——少なくとも「隅田川」が作られた時代には、そういう認識がされていたはずなんです。舞台上に幽霊がひょこひょこ出てくるような演出は、その段階ではまだほとんどなかったものと思われます。

しかし、演劇は能だけではありません。例えば歌舞伎がありますね。これは、もっと長く複雑なストーリーを扱います。そのためにプロット——段というものが出来た。場面転換があり、時間経過も省略される。これは、ワキ——視点を固定してしまうとなかなか進行しにくい形態です。この場合、ワキは省略されてしまいます。観客自体がワキになる、客が直接見ているということにせざるを得ないのです。ですから、お岩さんもちゃんと観客の前に出てくるのですね。本来、お岩の幽霊は民谷伊右衛門にしか見えていないはずです。しかし、お岩は提灯の中から出てみたり、墓石の裏から出てみたり、戸板の裏にいてみたり、そういう形で観客を驚かす、怖がらせる。みんなの目に見える幽霊というものが、ここで生まれてしまったわけですね。

歌舞伎は仮面劇ではありませんから、幽霊は人間が演じます。つまり役者が素顔でやるわけです。しかし、それだと幽霊だとわかりにくい。だから記号を作らなければならない。そうでなければ、客には何が何だかわかりません。「あれ、さっき死んだ人がまた出てきたよ、生きていたのかね」と思われてしまいます。それはそのはずで、本来幽霊が人前に出てくるということなんか「ない」からですね。したがって、こいつは幽霊だとはっきりわかる演出をしなければならなかった。初期段階、歌舞伎の幽霊は動きでそれとわかるように演出したのだそうです。軽業師などを使って、跳ねたり飛んだり、くるくる回ったり、そういう人間が普通しない、奇態な動きをさせることで、「これは人間じゃないんだ」とわからせた。しかし、どうも幽霊にしては元気がよすぎる（笑）。そういうことで、動作で幽霊と知らしめるという演出は、割と早目に終了したようです。次に、コスチュームで区別しようと考えた。まあ、死んでるんだから死装束着せようよということですね。当時の死装束というのは、経帷子と額烏帽子――三角をつけるわけですね。それだけでは、ちょっと弱いので、顔を青くしてみるとか、とりあえず髷《まげ》は結わないでおこうとか、そういう幽霊的な記号というものが順次発明されました。

先程、幽霊画をたくさん見せていただきましたが、幽霊画というのは、本来はこうした演劇上の幽霊を描き写したもの、芝居絵が基本にあるのでしょう。なぜなら、そうした決まりごとが絵画に反映されているからですね。

また、絵画のほうでもそれなりの工夫がされ始める。そうやって、幽霊はみんなに見えるようになりました。なりましたが、しかし現実に出てくるわけではないですね。それはお芝居の中でのこと、あるいは絵に描かれるだけ、そうした認識を、多くの人はきちんと持っていたはずです。お約束、なんですから。

この「視点」の問題というのは――先程ほど太田先生が拙著を例に挙げておっしゃっておられましたが、小説家にとってはかなり注意しなければならない重要な問題です。「視点が揺れている」とか言われて、減点の対象になる（笑）。まあ、わざと揺らすこともあるわけですが。基本的に一人称一視点で書く場合、その人の知らない事実は書けないことになるわけですね。その人がいない場所のできごとも書けない。これは非常に不便です。これは、能と同じなんです。シテの言葉がわかるのはワキだけですから、一人で全部聞かなきゃいけない。ワキの人はシテが何も教えてくれなければ、最後まで何もわからない。一方、歌舞伎のような大きな舞台の場合、視点が引き上げられます。観客視点、すなわち多視点が許されるので、いろいろな人が見た様々な時間や場所の光景が編集できるようになる。こういう便利な描き方は小説の場合にはなかなか簡単にはできないんですね。作者視点という便利な書き方もあるんですが、先程言われていたように視点をずらしていくとか、何か工夫をしないと面白い小説というのは作れないし、なかなか成功するもんじゃないですね。でも、テレビドラマや映画などでは、割と簡単にできます。こちらは、歌舞伎的な構成の延長上にあるものだからと考えることができるでしょう。

さて、明治後年、佐々木喜善が水野葉舟の紹介で柳田國男の家を訪ね、故郷の話をして聞かせました。柳田國男はかなり喜んだようです。柳田は、お化けの話や絵に造詣が深かったんですね。若い頃から江戸期の版本もかなり読み込んでいたようですから、そういうものに非常に興味があって、愛好していた節がある。柳田國男は「僕は怪談の真贋を見極める目を持っているのだ」などとなかば自慢げに公言したりもしています。自信たっぷりにそう言った裏には、柳田がそうした「視点」の問題について敏感になっていたらしいことが見てとれます。

明治以前は、記す／読むという行為自体が今とは異なっていました。「視点」の問題も同様に、現在とはあり方が違っていたと言えるでしょう。近代翻訳小説が日本に入ってきた際、江戸の小説はダメだ、くだらないと切って捨てられたわけですが、切られた理由の一つはそこにあると考えます。やがて言文一致運動などを経て、書き言葉は明治時代に大きく改造されることになります。そんな中、浪漫派の新体詩人であり、同時に自然主義文学に傾倒した文学青年でもあった柳田が、「視点」の問題に無自覚でいられるわけはなかったと考えます。

柳田國男が「視点」の問題について一家言持っていたとことは、自然主義運動の同志でもあった田山花袋の作品『蒲団』への酷評などからも窺い知ることができます。田山花袋もまた自然主義を標榜し、自然主義文学運動の一環として、私小説を生み出しました。しかし、柳田國男に言わせるなら、私小説はまったく自然主義ではないことになる。自然主義文学は、その創始者といってもいいエミール・ゾラをはじめとして、非常に自然科学と親和性の強い主義主張です。文学性よりも、理論的整合性を優先するものです。自然主義に則った小説であるなら、あるものをあるがままに書くべきだと、柳田は主張するわけです。「田山君、君の小説は何だ、自分のことばかりが書いてあるじゃないか」「いや、柳田君、僕は見たままを書いたんだよ」「見たままって、それはあなたが見たんでしょ。あるがままじゃなく、あんた視点じゃないか。あんたという個人のフィルターがかかっているじゃないか。それは、おまえ主義小説であって、自然主義小説じゃない。おまえは自然か！」（笑）。柳田國男は、そういうふうに考えたようです。まあ、『蒲団』は、今読むと、変態の告白的なふうにも読めてしまうわけですが（笑）。

一方で柳田は、「複数の人に見える幽霊」は「お約束」であるということも知っていたはずです。彼は神秘体験が個人的なものだということを十二分にわかっていたんです。

そんな柳田にとって、佐々木喜善が語る幽霊譚はちょっと呑みこみきれないものでした。柳田は、佐々木喜善の話を聞いて驚いてしまいます。なぜ驚いたのか。大勢の人間がこの世ならぬものを見聞したという話が、当事者や関係者の談として——つまり事実として語られていたからです。「死んだ婆ちゃんが、自分の通夜の晩に玄関から入ってきたんですわ」「えっ、マジですか？　その話、ホントですか？」「いや、ホントですよ。僕のおっ母さんが見たんです」「一人で見たんでしょ？」「いやー、みんな見てますよ。炭取りまで回してますから」「えー！」。柳田國男は、これでやられちゃったわけです。それは、お約束で出来上がった「幽霊」ではなかったのですね。

柳田國男はショックを受け、『遠野物語』を記します。

『遠野物語』という作品には、書き手の「視点」を徹底的に排除する形で記述しようという努力が見られます。もちろん、序文などは自分語り全開で、自慢ダダ漏れなのですが、少なくとも本文のほうは、柳田という記述者個人の顔がなるべく見えないよう、きわめてジャーナリスティックに書こうという姿勢がある。その結果、「誰にでも見える幽霊」が、ホントっぽく書かれてしまいました。自然主義的な観点から「視点」を排除するという行為は、あたかも歌舞伎がワキを排除したのと同じ効果をもたらしたわけです。

その手法は、現在にも引き継がれておりまして、怪談実話などというあまりよろしくない（笑）ジャンルまで派生させてしまいました。本当の話であることを殊更主張するために、固有名詞を消すとか、伝聞であることを隠蔽するとか、いろいろな小細工が工夫されているわけですが、端を発するのは、やっぱり『遠野物語』ということになるでしょうか。少なくともそれまで、そんな記述のされ方をした文書はなかったのですから。

こうして幽霊は、個人の中から個人の外に出てきてしまいました。

幽霊という文化装置は非常に優れた機能を持っています。しかし、文化装置ですから実際にいるわけではなく、捕まえることも見せることもできません。それが、少なくともフィクションの中では、堂々と出てくるようになったわけです。先程の話にあった掛軸から出てこようとする幽霊を先祖として、昨今ではテレビモニターからも出てくるようになりました(笑)。柳田國男が現状を見たら、かなり困惑すると思います。これはいったい誰の視点で描かれているんだ、と。

それからもう一つ、柳田國男は先程、常光先生が話された「昔話」「伝説」、そして「世間話」というものを分類するにあたって、やはり「視点」の問題をかなり意識していたと思われます。世間話というのは、どこそこの誰々がいつどこで何をしたかというふうに語られます。固有名詞が入っている。関係者は生きていて近所の人だったりする。伝聞であったとしても、少なくともいろいろなものが特定できてしまう。しかし「視点」が消失してしまった途端に、昔話へと骨格を整えていく。昔話は、世間話の面白いところだけを抽出し、磨いて磨いて物語化したものだと考えればいいわけですが、その段階で置換可能な部分は身近なものに変えられ、なおかつ無駄な部分は捨てられている。そうしてあたかも古典落語のように再構成されたものが昔話です。昔話と世間話は「視点」が違っているんですね。

この「視点」の差というのは、普段あまり意識されない方が多いかもしれません。しかし、「視点」が違うだけで、見えないものが見えるようになったりするのです。でも、忘れないでいただきたいと思います。これは文化的なお約束です。決してあなたの後ろに誰かがいるようなことはありませんので、ご安心ください（笑）。

最後にもう一つだけ追加して、話を切り上げます。幽霊は見えません。それを昔の人はよく知っていました。一方で、化け物は見えたんです。「どうしてだ、化け物なんていないじゃないか」、という方が多いと思いますが――。

化け物というのは、今で言う妖怪の直系の先祖です。妖怪という言葉が今のようなものを指し示すようになったのは昭和中期ですか。江戸の頃はその手のものは化け物と呼ばれていました。しかし、化け物が、見越し入道とか、ろくろ首とか、そういう異形の姿を獲得したのは江戸もずっと後期のことなんですね。民俗社会の化け物というのは、概ね人間の形をしていました。つまり、まあ見間違いです（笑）。首が伸びるとか、目が多いとか、フォルムが妙ちきりんな連中が登場するのは江戸の終り頃なんです。それまでの化け物は、単にシチュエーションの異常にすぎませんでした。人のいるはずのないところにいる人、人が歩くはずのない時間に徘徊する人、普通に受け答えすることができない人――つまり、化け物は本来、人だったんです。

人は居ますから、見えます。柳田國男が「妖怪は場所に出る。幽霊は人に憑く」と規定しました。それはあまり有効な分類ではないわけですが、一方で、よく考えてみると、幽霊は個人にしか見えないのですから、人に憑くのは当たり前、また妖怪はその辺をうろついている親父だったりするわけですから、場所に出るというのも当たり前ですね。ある意味であっている（笑）。

妖怪は見えたが、幽霊は見えない。しかし演劇や絵画を通じて可視化した幽霊は、江戸後期にキャラクターとして化け物に統合されます。それが、明治から昭和にかけて再び分裂した、ということになります。本来人だった妖怪は、完全に人から離れた雑多なキャラクターとなり果て、子どもたちにもてはやされるようになり、「妖怪体操」なども出来（笑）、一方で見えるはずのなかった幽霊は見えるようになり、写真に写り（笑）、動画にまで登場して怖がられるという、不可思議な進化をそれぞれたどったことになるわけです。

ただ、それでもいないものはいないんです。だから、そうしたものは基本的に文化的お約束を駆使しなければ見えない――というのが我が国の古き良き常識だったわけであります。私たちはいったいいつから常識を失ってしまったのでしょうか？（笑）というのが、本日のお話でございました。時間も時間でございますので、ここら辺で切り上げさせていただきます。ありがとうございました。

怪異を語る【質疑応答】

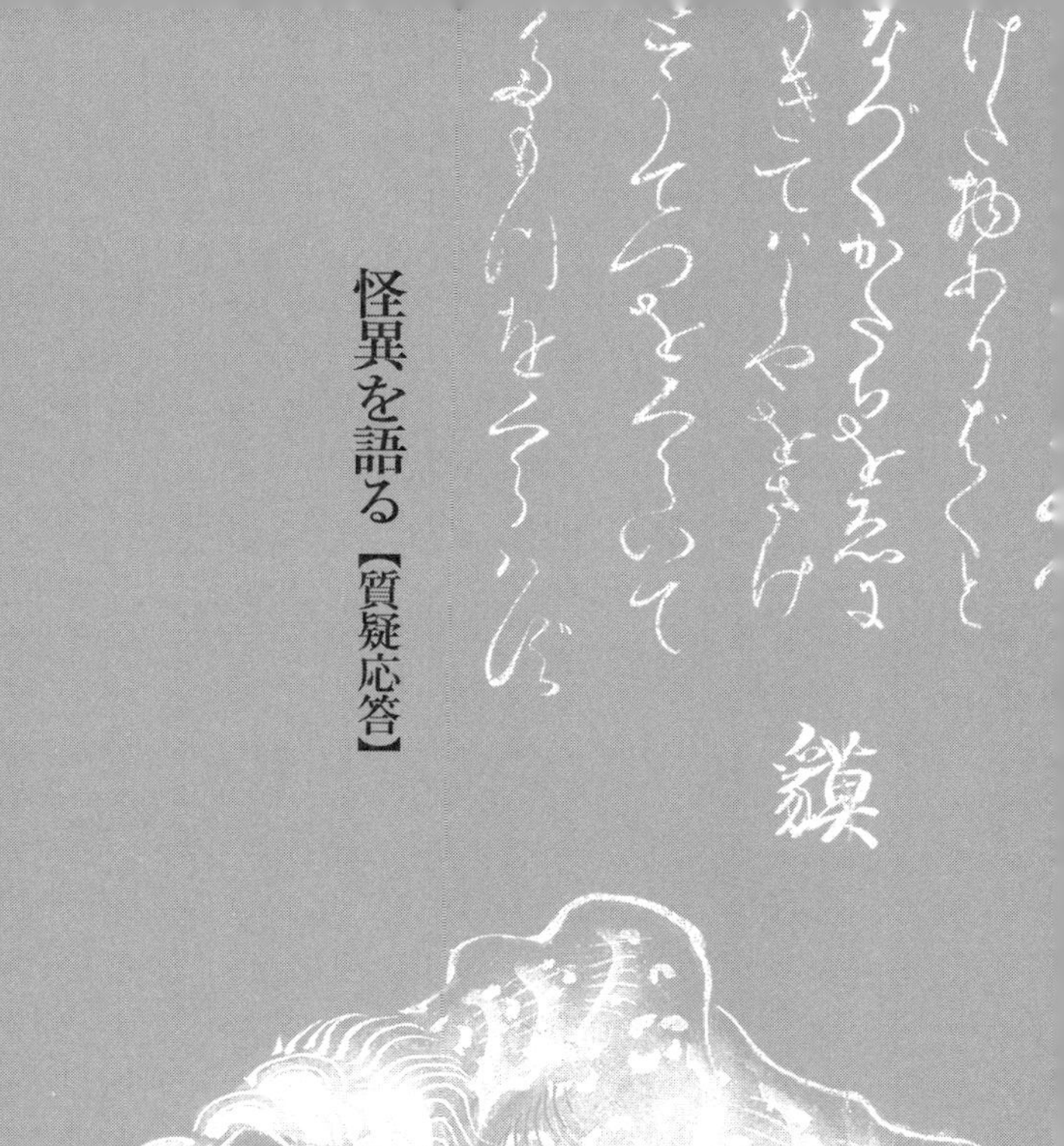

撮影：玉田誠

司会（佐藤光重）――それでは、第二部のパネル・ディスカッションに入りたいと思います。昨年の記念講座「成城と本格推理小説」でも、今年の企画でも、成城大学のミステリー研究会の諸君に、縁の下の力持ちとしてご助力いただいております。ミステリー研究会の井上昴也君から、昨今のインターネットにおける怪談の語り口などに関して、諸先生方はどのようにお考えになるか、という質問があるそうです。ではまず、ディスカッションのきっかけとして、口火を切っていただけますか。

井上――ご紹介にあずかりました成城大学ミステリークラブの代表の井上と申します。今日は貴重なお話をありがとうございました。現代社会における新しい怪談の語りとして、インターネット上のSNSを利用した語りというのは、見逃せないものになるのではないかと思います。実際に最近SNSの仕組みを利用したリアルタイムでの怪談、怪異現象の配信などが目立っています。例えば、「きさらぎ駅」という怪談があります。これは、幽霊電車に乗ってしまった、どうすればいい？ということが、ネット上の掲示板に書き込まれて、広く意見を募ったりとか、今その駅にいるんです、助けて下さい、という写真がTwitterにアップされたりして、リアルタイムに語られる。そのほかにもニコニコ動画の生放送で、後ろで何かがガタッと動いた、人形の目がギョロッと動いた、といったようなリアルタイムで目の前に現れる怪談というのがいろいろと見られます。こうしたインターネットを利用した新しい怪談の語りの形式についてご意見を伺えればと思います。

司会――メディアの形態によって、またインターネット上では書物と語り口が違ってくることがあるという質問ですけれども、パネリストの先生方はこうした形式による怪談に関して、どうお考えでしょうか、始めに東先生からご意見をいただけますでしょうか？

東――私は『幽』という怪談専門雑誌をやっているのですが、そこでは「語られた」というよりも文章で「書かれた」怪談にこだわる、いわゆる怪談文芸と呼ばれるものを専門にしているため、インターネット上での怪談にそんなに細かくアンテナを張っているわけではありません。だから、あまり詳しいことは申し上げられないのですが、もともと怪談というものは、語り手と聞き手の双方があって成り立つ、常に人と人とのあわいに生ずるものです。そういう意味でインターネットは、かつてないような形で人と人とが非常に密に関わりうる仕組みですね。重要なのは、それが言葉によって――もちろん今はご質問にもありましたように、映像や画像をやりとりすることもありますけれども――基本的には書かれた言葉、SNSもそうですが、テキストによってやりとりがされている、ということです。どんな映像も、そこにどんなテキストが添えられるかによって、意味が一変しかねない。そこのところに注意が必要だろうと思うんですね。今までだと、何らかの形でタイムラグがあって行われていたことが、電話で会話するのと同じような形で、その場その場の言葉によって問答無用でやりとりがなされる。それによって、今までとは違った怪しさ、いかがわしさみたいなものも、どんどん増幅されていっている

今までの怪談に対する書き手、読み手の意識というものは、インターネットによって明らかに別の段階に踏み込んでいるなと確かに感じています。——東

な、という感じが見受けられます。先程例に挙げていたように、まさに臨場感があるんですよね。こんな駅にいて、幽霊電車だ、とか。ネット上で見ている方々が、それに現在進行形でコミットしていく。そこが面白いのだろうし、また危ういところでもあろうかと思います。

インターネットの特性について、私自身が一番痛感した例は、「三角屋敷」の通称で知られている怪談話です。『幽』でも連載をお願いしている加門七海さんという、先程の京極さんのお話じゃないですけれども、普段から幽霊を見ているタイプの怪談作家の方がいらっしゃいます。加門さんが、お友達の作家さんが借りたマンションに遊びに行ったときに、異様な気配を感じて、そこに居たたまれなくなり出てしまった。そして、そこがいわゆる呪術による仕掛けがあるマンションじゃないか、と推量する話をお書きになったんです。それが、ネット上の「2ちゃんねる」のオカルト板で大反響を呼んだ。もちろん加門さんはその実際の場所や地名は明かしておらず、固有名詞は一切出さずに書かれていますが、そのマンションがどこにあるのかというのを、2ちゃんねらーの方たちが、異様な執着と熱意でわずかな手がかりから徹底探究を始めたのですね。それが正鵠を射ていたか否かについては、残念ながらここで申しあげるわけにいきませんが、こういう不特定多数による、しかも匿名による探究作業というのは、ネット時代でなければあり得ない話でありまして、そういう意味で言うと、今までの怪談に対する書き手、読み手の意識というものは、インターネットによって明らかに別の段階に踏み込んでいるなと確かに感じています。それが良いことなのか、悪いことなのかはわかりません。両刃の剣かな、とも思います。こんなところで、あまり答えになっていなくて、申し訳ないですけれど。

司会——どうもありがとうございます。このほかにたくさん質問をいただいていて、すべてご紹介するわけにはいきませんが、例えば現在見られる傾向としては、子どもの世界では「妖怪ウォッチ」が流行っております。妖怪は怖くない、友達だ、といったものに変わってきています。こういった昨今のキャラクター化、マスコット化といった現象を見せている妖怪や化け物のあり方について、京極先生は何かご感想をお持ちでしょうか？

京極――まず、質問が間違っているように思います。妖怪がキャラクター化したのではありません。キャラクター化したものを妖怪と呼ぶわけですね。ですから、それは昨今の話なんかではありません。もう一つ言うならば、少々紛らわしいのですが、民俗学などで言う妖怪は学問上の操作概念なのであって、我々が日常会話で使う妖怪とはまるで違うものです。したがって、最近キャラクター化し始めたとか、妖怪がキャラクターになってどう思いますか、と聞かれましても、もともとキャラクターなんですから、それは何とも言えないですね（笑）。何の感慨もありません。また、「妖怪ウォッチ」が新しいとか言う人がいるんですが、全く新しくないと思っています。あれは昔ながらの考え方を応用して作られたものなのであって、特に新しいわけではない。ただ、初期のプレゼンが非常に優れていたために一時期急激に人気が出た。それに便乗するように、妖怪関係のあまり実にならないような出版物が山のように出ちゃった。それは果たして良いことなのか、悪いことなのか……見方や立場にもよりますが、そんなに良いことではないですね。なお、「妖怪ウォッチ」自体は失速しており、また「ポケットモンスター」にその座を奪われつつある(笑)。これはマーケティング上の不備と考えられるわけですが、大変に残念に思います。「妖怪ウォッチ」のヒットによって妖怪という概念が世界規模で浸透する可能性があったわけで、しかもあと一歩だったというのに、もったいないことです。いま、クールジャパンの一環として日本のマンガやアニメなどが海外に紹介されることも多いわけですが、その中にたくさん妖怪に類するものが出ているわけです。それを見た海外のオタクの方々が、ここに出ているのはなんじゃらほい、と思われているようなんですが、実際それらを解説する文献は、現状海外にはほとんどない。そこで、一部で翻訳が希求されているという。数少ない海外の妖怪研究家は喜んでいるそうですが。ですから、まあ、「妖怪ウォッチ」のようなわかりやすい作品に付随する形で、本邦の文献が翻訳紹介されることになったなら、それは喜ばしいことだとは思うんですが。そういうことになれば、もしかすると今後、海外の辞書に「妖怪」という項目が載る可能性があるかもしれない。「妖怪」という概念は日本固有のものですし、異文化の中でそれが理解されるようになれば、いろいろ変わってもくるとも思いますし。妖怪の元となるような文化的事象は、どんな文化圏においてもあるんですが、それを次々と再生

現象から情念までをキャラクター化したのが妖怪なんです。そうすることでリサイクルできる娯楽システムを作り上げたというところが、日本文化の優れたところだと思っています。――京極

産し、リニューアルし、リサイクルして、バカみたいに繰り返してプレゼンテーションしていくというシステムを作ったのは日本だけです。くりかえしますが、妖怪がキャラクターになったんではないんです。現象から情念までをキャラクター化したのが妖怪なんです。そうすることでリサイクルできる娯楽システムを作り上げたというところが、日本文化の優れたところだと思っています。ちなみに、妖怪は妖怪という名称を得た段階で、全く怖いものではなくなっているので、お化けが怖いというのと妖怪が怖いというのでは、大きくニュアンスが違いますね。

司会――ありがとうございました。そもそも妖怪というのはそういうものですよね。何か最近の現象に関する一種の呪詛のようなところまで聞かせていただいて、非常に面白かったと思います。ちょうど今、事から物へ、といった話で思い出したのですが、喜多崎先生は、"apparition"について述べられました。これは"appearance"と同じく「現れる」ということと「現れたもの」という両義性があり、その狭間のようなことを描く事例として、どうやって絵画で幽霊を表すか、というお話をされました。そして、京極先生は、個人にしか見えない幽霊を、芸能が見えるようにしたというお話をされていました。このあたりのことで喜多崎先生から、京極先生のお話に関して何かご質問があればと思うのですが、いかがでしょうか？

喜多崎――今のお話に沿う形では質問できないと思うんですが、そもそも目に見えないはずのものを目に見える形にする、これは美術にとって非常に重要な問題であって、別に幽霊ではなく、神でもいいわけです。本来姿がない神というものを描き表すというのは、美術史の根本的な問題の一つです。そういうものを描かねばならない性《さが》、性質が人間にはある。見える形にすることによって信仰、あるいは幽霊画であれば効果ということに繋がっていく。もちろん絵画が最初ではないと思うんですが、見えないものを見える形にするということと、先程のキャラクター化の問題というのは当然絡んでいると思われ

物を造形化してはじめて認識できる、あるいは造形化することによって何かが変わる。これはやはり大きな意味での語りの問題だと考えています。——喜多崎

ます。ただ、絡んではいるけれども、同じではありません。

京極さんのお書きになっている例の「ぬりかべ」の話を思い出しました。九州地方にある「ぬりかべ」という伝承は、夜中に歩いていて突然先に行けなくなる現象ですが、それを水木しげるさんが造形化することによって形を与えてしまった。それは、絵師としての水木さんの有り様ということであり、才能でもある。しかし一方で、それによって「ぬりかべ」という現象が変わってしまいます。現象を実体化する、つまりキャラクター化することによって妖怪になる。これは美術史というよりも、むしろ芸術品の持つ本質の問題に繋がっていくんですが、物を造形化してはじめて認識できる、あるいは造形化することによって何かが変わる。これはやはり大きな意味での語りの問題だと考えています。ですから、何かそのあたりのことで、京極さんに限らずなんですが、実はこんなことがあるんだというお話が伺えればいいな、と思っています。特に常光先生のご専門の民俗学的なものの、呪具とか人形《ひとがた》とかいったものに関わる問題なのかもしれない、と思うのですが。

常光――その前に、先ほど学生の井上さんから、一人称による本人の体験談として登場するインターネットを利用した怪談の語りについて質問がありました。私は電子情報に弱いのですが、インターネットに関して、一つには自分自身を必ずしも名乗らなくてよいという匿名性の問題があるように思います。それから、例えば一九七九年に口裂け女の噂が日本列島を駆け巡りました。メディアが介在したとはいえ、基本的に口コミのネットワークのなかで爆発的に拡がっていった噂ですが、このような現象が今後も登場するのかどうか、時々聞かれるのですが、その辺は何とも予測がつきません。ただ、ネット上では、「くねくね」とか「八尺様」といった妖怪、あるいは怪異に関する話題が人気を呼んで流通しているということも聞きます。太田先生のほうから、オングの声の文化と文字の文化の特徴というお話がありました。私たちが民俗調査に行きまして現場で複数の人と話をしていると、声の文化というのはある種の重層性があるんですね。一つ話題が出ると、「オレも知ってる」「いやそれは違う」というふうにいろいろな角度から発言が同時に出てくる。その意味では、文字のように整然とした展開ではないわけですが、おそらくネットの場合も面白い話題が提供されると、匿名性のなかで、「オレの体験では」「私は見た」というようなことが、声ではなく文字で、ある種、重層的に交錯しながら積み上げられていく。それが話の流れを形成してくのではないでしょうか。そういう面でもネットを介した口承と文字との関係は、とても興味深いテーマだと感じます。

太田——先程の喜多崎先生の質問を受ける形で、ちょっと語らせていただきたいのですが、喜多崎先生が例に挙げた「ぬりかべ」は、九州での現象に水木御大が形を与えて、意味というかあり方が変わったという。しかし、水木妖怪画が初期に与えた、いわゆる初期型「ぬりかべ」の造形は——これは京極先生がいらっしゃる前で申し上げるのは釈迦に説法どころではない話なんですけれども——何あろう、マックス・エルンストの《鳥＝頭（Oiseau-tête）》という彫刻、近代どころか二〇世紀のモダニズム、シュルレアリスムの彫刻作品が、おそらくは確実に元になっている。つまり、確かに九州での現象に形を与えたんだけれども、しかしその形は、まさにモダンもモダン、シュールもシュールな形態が、さらりと引用されている。しかもそれが水木プロダクション流の細密な背景のなかに置かれると、もしくはコラージュされると、いかにも古くからあったかのような妖怪に見えてくる。これは、エルンスト自身が図像と背景（図と地）の関係を尖鋭的に主題化した芸術家であったことも含めて、とても面白いことだと思います。

いま引用ということを申し上げて、さらには京極先生からも、妖怪がリサイクルされるというお話があったわけですけれども、そもそもキャラクターというもの自体が引用可能なものである、リサイクル可能なものである、という考え方があります。要するに、これは東浩紀さんの定義でしたか、文脈を離れても生きていけるのがキャラクターという存在だという定義です（『セカイからもっと近くに　現実から切り離された文学の諸問題』東京創元社、二〇一三年）。たとえば、デンマークの王子ではないハムレット、父の復讐をしないハムレットというのは、ちょっと想像しがたい。あるいは、金貸しを殺さないラス

モダンもモダン、シュールもシュールな形態が［……］
水木プロダクション流の細密な背景のなかに置かれると、もしくはコラージュされると、
いかにも古くからあったかのような妖怪に見えてくる。――太田

コーリニコフ、罪と罰に悩むことのないラスコーリニコフというのも、なかなか想像しづらい。つまり、ハムレットもラスコーリニコフも、固有の文脈から外に出て生きることができない。ところが、たとえばドラえもんはどうかというと、割といろいろ融通がきくわけです（笑）。二二世紀から来たという設定こそあるものの、そこさえ押さえていれば、東京から大阪に着くにはいろんな交通手段があるというのと同じ理屈で、我々はドラえもんにかなりいろんなことをやらせることができる。それが「キャラクター」だ、というわけですが、さて妖怪に関してはどうでしょうか。文脈を背負っていない妖怪、たとえば「豆腐小僧」、あるいは文脈が失われた「わいら」のような妖怪、これらはもしかすると「キャラクター」に非常に近いのかもしれない。しかし一方で「天狗」や「河童」のような、伝承を背負った妖怪――雑な言葉遣いで申し訳ありません――そういうものもいる。さらには「子泣き爺」のように、伝承を背負っていると言えるかどうか、すごく微妙な妖怪もいると思います。結局、伝承妖怪とそれ以外の妖怪との差異という話になってしまうのかもしれませんが、そのあたりのことを、キャラクターとしての妖怪との関連からお話しいただけないかと思うんですが、京極先生、いかがでしょう（笑）。

京極——ええとですとね、伝承妖怪というのは、言葉として矛盾してると思うんですよ。妖怪は伝承されていませんからね。伝承を元にして妖怪は作られたわけです。だから基本的に伝承妖怪とか、民俗妖怪とかいう言い方はおかしいんですね。そこは、皆さん誤解しておられると思う。妖怪というのは、全部「妖怪ウォッチ」みたいなものだと思うべきでして。でも、そういうふうに申し上げると、天狗や河童には背景あるじゃないか——と言われるんですね。でもそういう意味では、「妖怪ウォッチ」の妖怪だって、みんな背景があるわけですよ。文化的な背景をたどっていけるかいけないか、つまり文脈から切り離せるかどうかというのは、実はあまり関係ないんだと考えています。本来、キャラクターというのは内面性の発露として構成されるものですね。しかし猫耳キャラは猫耳を着けるだけでいい。外見だけでキャラは成立してしまうんです。そうして見ると、妖怪はキャラなんですね。ただ、キャラが成立する過程に、いろいろなものがある、それがイメージ形成に強く関わっているというだけじゃないでしょうか。

もう一つ付け加えるなら——今日は妖怪のシンポジウムじゃないと思うんですけど、でも妖怪の話ばかりしてますが（笑）、過去、連綿と妖怪や妖怪の元になる化け物のようなものが作られてきたわけですが――それは何のために作られたのか、何のために描かれたのかということを突きつめて考えますとね、まあ、お金のためなんです。これは間違いない。水木しげるさんだって、お金のために描いたわけです。目に見えないものを形にするためには、水木しげる曰く、バカみたいに努力しなきゃいけないそうです。バカみたいに努力しなきゃいけない理由というのは、働かないと餓死するからです（笑）。たぶん江戸時代の絵師も同じだろうと思います。妖怪に関していうなら、芸術的動機で描かれたものというのはきわめて少ない。宗教的動機で描かれたものもきわめて少ない。後に芸術として評価されたり、宗教的な意味付けをされたものは多いのでしょうが。そういう意味では、妖怪は娯楽であり、きわめて商業的なものであると、最初から考えるべきだと思います。化け物キャラだって商業ベースに乗せるために作られたんです。もちろん民俗社会における化け物というものは、不可解な事象を説明するため必然的に作られたものなんですが――例えば「見越し入道」。これは全国どこにでもいるお化けですね。常光先生はご専門でしょうが、あれは最初は普通サイズの人なんです。ただどんどん大きくなるんです。先程の喜多崎先生のお話にもありましたが、大きくなる過程は絵では描けないですね。だから描かれた見越し入道はろくろ首なんです。あれは、首の長いお化けの絵ではなく、首が伸びた分だけ時間的経過——形態的変化があるんだ、と捉えるべきなんです。でも結果的に、キャラとしての見越し入道は「首の長いおやじ」になっちゃった。絵草紙に出すため、玩具にするためにあの形はできた。そういうものが、民俗社会にフィードバックして影響を与えることは、確かにあります。でも、「ぬりかべ」のようなものは、もう民俗社会に影響を与えていませんね。なぜなら、前に進めなくなる人がいなくなったからです（笑）。そしてそれを民間の語彙で言うところの「ぬりかべじゃ」というふうに言う人もいなくなったわけです。だから、ある時期、そういったものは、インタラクティブに行ったり来たりして形を作っていったんだけれども、キャラクターがキャラとして完成した段階で、民俗社会に対する影響力はほぼなくなってしまったと考えていいと思います。にもかかわらず、妖怪という呼称があまりにもキャッチーになってしまったので、各地の民俗学者の人たちが、自分の国に伝わるモノを妖怪と名付け、規定し直しちゃったんですね。約三〇年くらい前からそういう傾向は出てきたわけで、これは非常に頭の痛い問題ですね。そもそもそれらは妖怪なんて呼ばれていたわけがないんです。そう言うと、「いや、でも妖怪でしょ」って言うんですよ（笑）。それは、土地土地で独自の固有名詞があったはずだし、妖怪というカテゴリに入れられていたわけでもない。少なくともキャラじゃなかったはずです。それが、妖怪と呼ばれた途端、もうみるみる村おこしのユルキャラになっちゃう。つまり民俗社会にではなく民俗学者に強い影響を与えているんですね（笑）。

もう一つ、さっきのネットの話に関してですが、確かに常光先生の言う匿名性というものは非常に重要なファクターなんだろうし、東さんの言う共時性も大事なんだと思います。ただ、よく考えてみると、あれ、匿名で書かれているわけじゃなく、多くは成りすましなんですね。体験者に成りすましている。なおかつ、本来離れた場所にいる人たちを、一つの場所に集めたような錯覚を与えることに成功しているわけです。だって、例えば幽霊電車にホントに乗れるわけがないじゃないですか（笑）。切符売ってるなら買いたいですよ（笑）。乗れないんです。乗れないんだけれど、乗っているよと発信する。それを違う場所にいる人たちがリアルタイムで受信する。真偽のほどはわからない。これは、インターネットの特性を利用した新しいプレゼンなんですね。怪談は、実際に何かが起きるのではなくて、何かが起きたという「話」でしかない。その都度その都度、メディアに合わせてプレゼンテーションが考案される、表現物なんですよ。要するに「作り」なんです。だから怪談を語ろうとする人は、新しいメディアを利用してどんな表現ができるか考えざるを得ないわけでしょう。ネットを利用すれば、事実かどうか確認できないほど距離が離れているにもかかわらず、同時に一つの座にいるような状況が作れる。怪談はずっとそういうふうにして作られてきたものだと考えるべきなんだから、僕はとりわけ新しいものとは思いません。メディア自体は新しいんでしょうけど、考え方自体は別に新しくないと思いますけども。

東——まさにおっしゃるとおりだと思います。百物語というのは一つの座を作る行為であって、円陣を作ってみんなで語り合うと、思わぬ相乗効果が現れることがあります。実際に私は仕事で、幾度となく百物語怪談会を催行してきましたが、百物語という一つの座ができることによって、その会に来るまで全く忘れ果てていた話を、いろんな怪談が飛び交うところに身を置くことによってフッと思い出してしまうというのは、参加者の多くが指摘されるところです。最初から、今日はこの話で怖がらせてやろうと準備万端で披露される話よりも、その場で、フッと思い出して、フッと何気なく語った話のほうが、怖い。そんな話、聞いたことがない、となる場合が多いんです。百物語は、このように話を深層意識から摑みとってくるような、一つの装置である。明治期にそういうものが新聞という公開の場で紹介されることによって、それが一つの場だけではなくて、新聞紙面といった一種のバーチャルなものに拡がっていき、それが今はインターネットという器にまで拡がっている。そういうことではないかと思いますね。

喜多崎——今出た話というのは、結局インターネットであれ、口承であれ、文芸であれ、絵画であれ、メディアというものはある種の情報を共有する装置ですから、そういうものに託することによって、自分にしか見えない、あるいは自分だけが考えたことを人と共有していく。そのために何らかの形を与えるわけですね。「語り」ということを今回のテーマにしていますが、その語り口が——様々なメディア独自の語り口があるかもしれないですけれど——怪異というものを共有する、つまり人と情報を共有するうえで大事であり、必然的なものになっている。その必然的になっているものというのはメディアによって、造形的な視覚的なもの、聴覚的なもの、文字として読み取るものと違いはあるんだけれども、他者と感覚的に共有しなければいけない、という一点においては当然共通しています。そうすると、全く違ったメディアでも、さっき言ったように、昔から同じことがなされているということはあるんだろうな、と思います。

それからもう一つ、キャラクターの問題で言うと、今日皆さんにお配りした資料やファイルに、その問題はすごくはっきり現れています。これは実は成城大学の蔵書である江戸時代の『怪奇鳥獣図巻』から選んだものです。これは絵巻物ですが、ストーリー性がない、ただ単に怪物を並べたもので、もともと中国の『山海経《せんがいきょう》』から採られたものだと言われています。ただ『山海経』から直接ではありません。清の時代に民衆の百科事典みたいなものができて、『山海経』が民衆化されてそれに載せられた図を引っ張ってきて、一つの図鑑みたいな絵巻物を作ったんです。それが面白いということで、今回のシンポジウムのポスターに使っています。そして、資料を作って下さった文芸学部の共用研究室の人たちが、グッズとして作ったファイルにこのように図柄としてあしらった。まさしくこういう形で、本来の文脈から切り離した形でキャラクターとして生かしていける。生かしていけるということには功罪がありますが、良い点を言うとすれば、そういう形が与えられることによって生き残っていくわけですね。生き残っていくことで、元の文脈を知らないまま「これ面白いね、なかなかいいね」ということになり、それがもしかしたら次の創造を生むかもしれない。そういうものとして、キャラクター化というのは考えることができます。つまり、キャラクター化というのは、共有するため

百物語という場が、話を想起する相乗効果を生んでいる〔……〕、イメージの連鎖が何をきっかけに生まれるのかというのは、これから関心が高まっていくことだと思います。——常光

の一つの文化装置みたいなものになっているのかな、という気がします。

常光——東さんから、百物語という場が、話を想起する相乗効果を生んでいる、というお話がありましたが、これは大変面白い問題だと思います。手段によっていろいろな違いはあると思いますが、イメージの連鎖が何をきっかけに生まれるのかというのは、これから関心が高まっていくテーマだと思います。私は四国の高知の出身なんですが、高知で水辺の妖怪を「猿猴《えんこう》」と言います。ところが関東の呼称であった「河童」が勢力を拡大して、今では「猿猴」を凌《しの》ぐ勢いです。「河童」が席捲してくると、呼称だけでなく同時に「河童」のもつイメージや姿形が定着してゆくんです。高知の「猿猴」というのは本来甲羅を持っていないはずなのですが、最近は甲羅を持った「河童」が水辺に立つようになっています。これも、呼称はそれに連動しているイメージとセットで拡がってゆく一面が現実にあると思います。それから、数多い妖怪のなかでも「河童」というのは、町おこしや村おこしに登場したり、アニメの人気者だったりする。清水崑や水木しげるの作品でもそうですが、「鬼」とか「天狗」などよりも、一家団欒（笑）などといった人間社会を表現しやすいキャラクターだと思うんです。それがどうしてだかよくわかりませんが、同じ妖怪でもそれぞれ個性があって面白い。

京極——まあ、遠野の「河童」も青くなっちゃいましたからね（笑）。化け物というものは、統合されるものなんですね。地域のいろいろな水怪、「猿猴」だとか、「ガラッパ」だとか、「カワタロウ」だとかいうものを統合して「河童」という化け物キャラクターは作られたわけで、化け物というのは収斂して行くものなんです。反対に、妖怪は増殖していくんですね。「猿猴」は「河童」とは違うとするのが妖怪のセオリーなんです。名前が違うから形も変える、名前は一緒だけど形や性質が違うから名前を変える、そうやって、どんどんどんどん分化させていったから、アホみたいに増えちゃった。そんなだから図鑑が厚くなって、「妖怪ウォッチ」図鑑を買う人も喜ぶ。売る方も定価が上って喜ぶ（笑）。やっぱりどうしても、妖怪にはそういう俗な部分がまつわりつくんです。

困ったもんだと思いますけど。

最後に一つだけ言っておきたいことがあります。我々はどうしても自分たちの知っていることで何でもかんでも読み解こうとする。今日も、「幽霊」という言葉が通じるだろうと思って、皆さん平気で使っていて、僕も使いましたけども、「幽霊」というものが何なのかということをきちんと考えたことがある人はそんなにいないと思うんです。なおかつ「幽霊」というものは、百年も二百年も前から、千年も二千年も前から、平気で使われている言葉だと思っている方が多いと思います。とんでもない話ですね。先程言ったように、今「幽霊」と言われているものの概念ができあがったのは、そう古いことではない。今の常識で過去の文献を読み解いてはいけない。「妖怪」という言葉も同じで、今の「妖怪」概念に依拠した文脈で昔の文献を読み解いたりすると、大間違いということになってしまいます。そこは、十分注意が必要です。一番注意が必要なのは、このシンポジウムのタイトルで使われている「怪異」という言葉ですね（笑）。もう何でも「怪異」と言えば済んじゃうのかというぐらいの勢いです。今「怪異」という言葉を使わない大学はないのじゃないか、というぐらいに使われています。しかし、定義は全くされていない。東アジア恠異学会では、十年以上前から研究を続けていて「怪異」という言葉が指し示すものごとは時代によって大きな変遷があるという研究成果もある。それなりに結論も出されているわけですが、でも誰もそれを読んでないんですね。「怪異」は、いわゆる「妖怪」の上位概念として、二十年ほど前に小松和彦先生が便宜上使い始め、その辺から通俗化が激しくなっちゃったわけですけど、いまやひと昔前の「怪奇」という言葉の言い換えに近い形で使われていますね。これも、よく考えてみましょう。家で怪異が起きたなんて昔言いましたか？（笑）インターネットで、今リアルタイムで怪異が起きてます、なんて使われ方をしたりもするわけですが——いや、バカじゃないかしらと思いますね（笑）。僕は怖くて、簡単に怪異なんて言葉は使えません。言葉は、気をつけて使うべきだと僕は思うし、気をつけて使わないと文化が捻じ曲がってしまうことさえあると思います。少なくとも、学者、研究者、学芸員、作家、小説家、

言葉は、気をつけて使うべきだと僕は思うし、
気をつけて使わないと
文化が捻じ曲がってしまうことさえあると思います。——京極

そうした人たちは、もうちょっと注意して使いましょうよ。お読みになる方々も注意して読みましょう。無自覚に「怪異」なんて言葉が使われていたなら、「あっ、こりゃダメだと」、そういうふうに受け取ったほうがいいと思います。そうして欲しいと、私は切に思います。

司会——この成城大学の企画で、学者には節操がないと一刀両断されたところが非常に痛快でした。本日はどうもありがとうございました。

東雅夫編

日本「百物語」年表（成城大学版）

◆天仁三年（1110）
二月二八日より百日間、京都・大安寺で「百座法談」挙行される。南都北嶺諸宗派を代表する説教僧が参集し、譬喩因縁談を講じた。

◆万治二年（1659）
仮名草子『百物語』刊行（ただし同書は怪談集ではなく笑話集だった）。

◆寛文六年（1666）
百物語の法式に触れた「怪を話れば怪至る」を含む浅井了意の翻案怪異小説集『伽婢子』刊行。

〈百物語には法式がある。月の暗い夜、行灯に火をともすのだ。その行灯には青い紙を貼って、百筋の灯心をともして、ひとつ物語を終えるごとに灯心を一筋ずつ引き去ってゆくと、座中が次第に暗くなり、青い紙の色が様変わりして、なんとなく物凄くなってゆく。それでもなお語り続ければ、必ず怪しい事、怖ろしい事が出来するのだそうな。〉（「怪を話れば怪至る」より現代語訳）

◆延宝五年（1677）
百物語怪談本の嚆矢たる『諸国百物語』（作者不詳）刊行される。信州諏訪の浪人・武田信行ら若侍数名が、雨中の徒然に催した百物語で語られた怪談をまとめたもの、と序文にある。同書の百話目は「百物がたりをして富貴になりたる事」。

◆天和四年／貞享一年（1684）
遊女と客が滑稽なやりとりを交わす「百物語に恨みが出る」を含む井原西鶴の短篇小説集『諸艶大鑑』刊行。

◆貞享三年（1686）
山岡元隣『古今百物語評判』刊行。

◆元禄一四年（1701）
作者不詳『好色百物語』刊行。

◆宝永三年（1706）
青木鷺水『御伽百物語』刊行。白梅園主（＝鷺水）が六十六部の老僧が語る怪談奇談を書きとめたもの、と序文にある。

◆享保一七年（1732）
菅生堂人恵忠居士『太平百物語』刊行。作者が西国遍歴の途次、さまざまな人々から取材した「怪しの物語」をまとめたもの、と序文にある。動物にまつわる話が多い。

◆寛延四年（1751）
烏有庵『万世百物語』刊行。雨夜の徒然に友人宅で聞いた怪談をまとめたと序文にある。

◆宝暦一四年（1764）
「厩橋の百物語」を含む平秩東作『怪談老の杖』、この頃に成立。

◆明和三年（1766）
板木屋平助（鳥飼酔雅）『新選百物語』刊行。

◆明和四年（1767）
高古堂主人『新説百物語』刊行。

◆明和七年（1770）
鳥飼酔雅『近代百物語』刊行。漂泊の僧が語る怪談奇聞を書きとめたと序文にある。

◆天明五年（1785）
平秩東作、大田南畝、山東京伝ほか『狂歌百鬼夜狂』刊行される。同年一〇月一五日夜、江戸深川某家で開催された百物語歌会の記録。

◆寛政一一年（1799）
一月、加賀・大聖寺藩八代目藩主の前田利考、宿衛の武士たちを集めて百物語を催行する。その記録は『聖城怪談録』と題する写本として前田家に残され、昭和一二年刊行の『大聖寺藩史談』（石川県図書館協会）に初めて翻刻収録された。加賀市発行の『かが風土記』に詳しい解説あり。

◆文化三年（1806）
九月、平田篤胤『稲生物怪録』成立。備後三次（現在の広島県）の実在の武士・稲生平太郎が、比熊山中で百物語をしたことを契機に、盛夏の一ヶ月間、魔王に率いられた多様な妖怪変化に襲われる怪談実話の聞書である。

◆天保一二年（1841）

桃山人・竹原春泉『絵本百物語』（別名『桃山人夜話』）刊行。

◆嘉永六年（1853）

天明老人編『狂歌百物語』刊行。妖怪をテーマとする狂歌に彩色画を添えた狂歌集。

◆安政三年（1856）

竹葉舎金瓶『怪談百物語』刊行。

◆明治八年（1875）

二月一一日、東京・柳橋の料亭「柳家」で、三遊亭円朝主催の怪談会が開催される。幽霊画を多数展示。

◆明治二二年（1889）

八月、河鍋暁斎『暁斎百鬼画談』刊行。冒頭に、庶民による百物語の情景図あり。

◆明治二六年（1893）

一二月二五日、浅草奥山閣で「やまと新聞」社主・条野採菊主催の百物語怪談会開催（参会者は三遊亭円朝、尾上梅幸、幸堂得知、南新二、三宅青軒ほか約一〇名）。

◆明治二七年（1894）

一月四日より「やまと新聞」で「百物語」連載開始（同年二月二七日完結）、七月に単行本『百物語』（扶桑堂）として刊行される（国書刊行会より『幕末明治　百物語』として復刻あり）。

一〇月、泉鏡花、未完の百物語小説「黒壁」を「詞海」第三輯九巻に発表（一二月発行の同誌一〇巻に続篇掲載）。

◆明治二九年（1896）

七月二五日、歌舞伎新報社と玄鹿舘共催の百物語イベント開催される（参会者は森鷗外、依田学海、森田思軒、三木竹二ほか百余名とされる）。

七月、「北国新聞」第一〇七三号（七月二六日付）に泉鏡花「百物語」掲載される。同篇は同年八月、「文藝倶楽部」に再録された。

◆明治三二年（1899）

三月二六日、名古屋市門前町の陽秀禅院で、其中堂主人を会主に三四名が参加した百霊供養会が開催される。

◆明治三三年（1900）

一月、三世河竹新七作の妖怪舞踊劇『闇梅百物語』、五世尾上菊五郎らにより歌舞伎座にて初演。冒頭に百物語の場面が登場。

三月、名古屋・其中堂書店から左右田秋満編著『幽霊一百題』刊行（メディアファクトリー版『明治の怪談実話　ヴィンテージ・コレクション』に復刻収録）。

七月、磯萍水『新百物語』（嵩山堂）刊行。
◆明治四〇年（1907）
八月三一日より「紀伊毎日新聞」で「古今百怪談」連載開始（同年一〇月三日完結）。読者投稿も募る。
◆明治四一年（1908）
一月、水野葉舟、佐々木喜善との出逢いを描いた小説「北国の人」を「新小説」に発表。

四月、「趣味」に座談会「不思議譚」（黄雲生）掲載される（参会者は馬場孤蝶、與謝野寛、小栗風葉、鈴木鼓村ほか）。

七月一一日、泉鏡花、喜多村緑郎ら、向島の有馬温泉で「化物会」開催（参会者は伊井蓉峰、柳川春葉、神林周道、長谷川時雨ほか約五〇名）。

一一月四日、佐々木喜善、水野葉舟と共に柳田國男邸に赴き、故郷・遠野（岩手県）の怪談実話を披露する。以後「お化会」の名称で定期開催された。
◆明治四二年（1909）
四月二八日、柳田邸で「お化会」開催される。喜善は内藤晨露宅で怪談に興じていたため遅刻する。葉舟は欠席。

七月一八日、「愛媛新報」に「伊予百物語」記事連載開始（九月二九日完結）。


七月二一日、「寸楽亭の化物会」の記事が「名古屋新聞」に掲載。「幸い東京で初めて怪談の鏡花会を主唱した喜多村緑郎が千歳座に居る、彼にも一寸知らせて遣れ」云々。

七月二四日夜、柳田、葉舟、喜善ら「お化会」とおぼしき怪談会を開催。

八月二三日、吉原仲の町水道尻の兵庫屋で怪談会開催（参会者は岩村透、鈴木鼓村、泉鏡花、小山内薫、高崎春月、沼田一雅夫妻、長谷川時雨、岡田八千代、額縁屋磯谷、市川団子、会主は田島金次郎）。

八月～九月、「勧銀月報」に水野葉舟「怪談会」掲載される。前月のお化会を筆録したものか。

九月七日、「秋田魁新報」に「秋田市の怪談会」の記事掲載。「東京では先頃第三回怪談会を催した此の会は文士連の組織に成りて会員中には婦人も両三名交るとか聞いて居た近頃頗る振った会合である。当市でも昨夜（四日）第一回怪談会を」云々。

一〇月九日、「東京朝日新聞」と「都新聞」に「幽霊の出ぬ幽霊会」の記事。「本家本元の泉鏡花先生や喜多村緑郎優の向うを張ると云う量見でも無く（略）物凄い幽霊会を催そうではないかと呑気な相談に乗った七十八名七日夜に入りて田端の料亭白梅園に集まる」云々。

一〇月二八日、泉鏡花ほかによる百物語怪談本『怪談会』（柏舎書楼）刊行。

一二月一三日、「大阪時事新報」に「紅葉寺の怪談会」の記事掲載。「吹き荒む師走の風の寒い十一月の午後十時から鏡花狂とまで呼びなされたる新派俳優の大立者喜多村緑郎の発起に依り東区上本町十町なる紅葉寺に於て怪談会を催し数奇者の会するもの喜多村を始め岩崎舜花外実業家、新聞記者等凡そ廿有五名中にも」云々。
◆明治四三年（1910）
一月二六日、「東京朝日新聞」に「雪の夜の幽霊会」の記事掲載。「妖怪会には何時も顔を出す三井萬里君が設備役で飛入には桜巷、麗水、冷洋など新聞記者の面々」云々。田端の白梅園で開催された。

四月、桃川如燕、『実説　怪談百物語』（国華堂書店）刊行。

六月一四日、柳田國男、『遠野物語』（聚精堂）三五〇部を自費で刊行。

九月、「新小説」に泉鏡花「遠野の奇聞」掲載される（続篇は一一月号に掲載）。柳田の『遠野物語』を手放しで絶讃。

一一月（?）七日、一高在学中の芥川龍之介、『遠野物語』の感想を友人・山本喜誉司に書き送り、自らも『椒図志異』の蒐集編纂に着手。
◆明治四四年（1911）
三月、「新小説」に泉鏡花の怪談会小説「吉原新話」掲載される。

三月四日、市外西ヶ原閑都里倶楽部にて「新公論」同人による怪談会開催。

四月、「新公論」の「妖怪特集号」（平井金三、水野葉舟、読者投稿「諸国化物談」、「怪談会の記」「東西幽霊妖怪番付」ほか）刊行。

五月、箱根塔ノ沢「新玉の湯」で第九回鏡花会開催（幹事は長谷川時雨と喜多村緑郎）。「鏡花会がお化け会となって、御湯殿まで長い細い廊下を夜半の二時頃、一人一人下りていった」（寺木定芳『人、泉鏡花』より）

一〇月、「中央公論」に森鷗外「百物語」掲載される。

一二月、「新小説」に「怪談百物語」特集（柳田國男、泉鏡花、水野葉舟、平井金三、磯萍水、岩村透ほか二二名）掲載。
◆大正一年（1912）
二月一日、「信濃毎日新聞」に「奇抜なる幽霊会」の記事掲載。鏡花ゆかりの催しと。

八月二日、芥川龍之介、友人・藤岡蔵六宛て書簡に、目下「怪異」を探究中で『稲生物怪録』を読んだ云々と記す。
◆大正二年（1913）
八月、駿々堂編集部編『不思議揃　怪談百物語』（駿々堂書店）刊行。

「三田文学」に畑耕一の百物語小説「怪談」掲載される。
◆大正三年（1914）
三月一五日、鏡花、長野の千歳座で開かれた幽霊会（化物会とも）に出席。

七月一〇日、東京・京橋の画博堂で「妖怪画（おばけえ）展覧会」開催（会期は同月二五日まで）。

鏡花は「妖怪画展覧会」告條（「絵画叢話」第三二四号に再録）を寄稿。

七月一〇日頃、代々木・山谷で怪談会開催（泉鏡花、喜多村緑郎、会主は「歌舞伎新報」記者の鹿塩秋菊）。

七月一二日、「都新聞」で「怪談精霊祭」連載開始（同月一七日完結）。

七月一二日、画博堂の四階で怪談会開催（岩村透、黒田清輝、岡田三郎助・八千代夫妻、辻永、長谷川時雨、柳川春葉、泉鏡花、市川左団次、市川猿之助、松本幸四郎、河合武雄、喜多村緑郎、吉井勇、長田秀雄・幹彦兄弟、谷崎潤一郎、岡本綺堂、鈴木鼓村ほか六〇余名、会主は画博堂主人）。参会者の一人が田中河内介の話の途中で昏倒したとされる。
◆大正四年（1915）
三月、川村孤松『廻国行脚　妖怪研究　怪談百物語』（国華堂書店）刊行。
◆大正六年（1917）
六月、腥風楼主人『怪談百物語』（岡本増進堂）刊行。
◆大正八年（1919）
七月四日、「都新聞」で「怪談の会と人」連載開始（同月八日完結）。

七月一九日（二〇日?）、向島百花園の「喜多の家茶荘」で怪談会開催（伊井蓉峰、福島清、花柳章太郎、武村新、錦城斎典山、伊藤晴雨、伊勢虎主人、久の家主人ほか一六〇余名。幹事に泉鏡花、喜多村緑郎、三宅孤軒、平山蘆江ら）。

七月二一日、「都新聞」で「向島の怪談祭」連載開始（八月一四日完結）。
◆大正九年（1920）

八月二一日、鏡花、鶴見・花月園で開催のお化け会に出席（世話人一六名の代表に泉鏡花、久米秀治）。

◆大正一一年（1922）

二月、内田百閒『冥途』（稲門堂書店）刊行。

◆大正一二年（1923）

五月、「中央公論」に「当世百物語」特集（寄稿者は、豊島与志雄、小川未明、小山内薫、室生犀星、佐藤春夫、稲垣足穂ほか一三名）掲載。

八月一九日、東京・井の頭公園の「翠紅亭」で怪談会開催（花柳章太郎、名取春仙、伊東深水、英太郎、藤村秀夫ほか約一〇〇名、幹事に喜多村緑郎、泉鏡花、平山蘆江、鹿塩秋菊）。

八月一九日、「都新聞」で「怪談聞書」連載開始（関東大震災により九月一日で中絶）。

◆大正一三年（1924）

三月七日、田端自笑軒で怪談会開催（参会者は馬場孤蝶、泉鏡花、久保田万太郎、白井喬二、小杉未醒、長谷川伸、平山蘆江、長田秀雄、畑耕一、斎藤龍太郎、芥川龍之介、菊池寛、沢田撫松）。

四月〜五月、「新小説」で座談会記事「怪談会」掲載（芥川龍之介、泉鏡花、平山蘆江、畑耕一ほか一二名）。

一〇月、「女性」に泉鏡花の怪談会小説「露萩」掲載される。

一二月、岡本綺堂、百物語形式の連作怪談小説「青蛙堂鬼談」を「苦楽」に連載開始。

◆大正一五年／昭和一年（1926）

一月、「講談倶楽部」に小酒井不木「暴風雨の夜」掲載される。

一〇月、「百物語」を含む岡本綺堂の短篇集『近代異妖編』（春陽堂）刊行。

◆昭和二年（1927）

八月、「泉鏡花座談会」（出席者は鏡花、菊池寛、久保田万太郎、里見弴、柳田國男）が「文藝春秋」に掲載される（当初は芥川龍之介も出席予定）。

一〇月、『日本名著全集　怪談名作集』（日本名著全集刊行会）刊行。浅井了意『伽婢子』を収録。

◆昭和三年（1928）

六月一九日、新橋の花月で「幽霊と怪談の座談会」開催（参会者は柳田國男、里見弴、橋田邦彦、小村雪岱、長谷川時雨、平岡権八郎、小林一三、泉鏡花）。

七月三日午後、雷雨のなか喜多村緑郎が鏡花宅を訪問し、蚊帳越しに怪談会の相談をする。

八月、「主婦の友」に「幽霊と怪談の座談会」掲載。

八月二九日、柳田國男、泉鏡花、喜多村緑郎、中村古峡による「霊怪談話会」がラジオで放送される。
◆昭和五年（1930）
四月、怪談同好会編『古今怪異百物語』（博文館）刊行。
◆昭和九年（1934）
五月、忠雪山人『古今　怪談百物語』（忠文館書店）刊行。

五月、杉村顕道『信州百物語　信濃怪奇伝説集』（信濃郷土誌刊行会）刊行。
◆昭和三〇年（1955）
七月、「美術批評」に花田清輝のエッセイ「百物語」掲載される。

八月、「文学界」に吉田健一の小説「百鬼の会」掲載される。
◆昭和三四年（1959）
七月、「週刊新潮」七月一三日号に遠藤周作「周作恐怖譚　第一話　蜘蛛」掲載される。冒頭に、怪談会の描写あり。
◆昭和三七年（1962）
八月、大伴昌司、紀田順一郎ら、谷中・全生庵で「百物語の会」を催す。
◆昭和四三年（1968）
三月二〇日、大映映画『妖怪百物語』（安田公義監督）公開される。併映は『ガメラ対宇宙怪獣バイラス』。
◆昭和五三年（1978）
八月、御影四郎編訳『ホラー　ミステリー　百ものがたり』（秋元文庫）刊行。
◆昭和五四年（1979）
一一月、太刀川清の百物語怪談本研究書『近世怪異小説研究』（笠間書院）刊行。
◆昭和五八年（1983）
百物語ホラー掌篇「鏡」を含む村上春樹の掌篇集『カンガルー日和』（平凡社）刊行。
◆昭和六一年（1986）
四月、杉浦日向子の連作漫画『百物語』が「小説新潮」で連載開始（～九三年二月）。

一二月、岡本綺堂『青蛙堂鬼談』に倣った都筑道夫の連作集『深夜倶楽部』（双葉社）刊行。
◆昭和六二年（1987）
七月、太刀川清校訂『百物語怪談集成』（国書刊行会）刊行。『諸国百物語』『御伽百物語』『太平百物語』を収録（『続百物語怪談集成』は九三年九月刊行）。

一〇月、つのだじろうの連作漫画『新説百物語』が「月刊ハロウィン」で連載開始（～九〇年二月）。
◆平成二年（1990）
九月、木原浩勝・中山市朗『新耳袋　現代百物語』（扶桑社）刊行。
◆平成三年（1991）
四月、関西テレビ放送で深夜番組『恐怖の百物語』放送開始。

七月、ＰＣゲームソフト『百物語～ほんとうにあった怖い話～』（ハドソン）発売。
◆平成四年（1992）
六月、白石加代子の朗読公演シリーズ「百物語」（鴨下信一構成・演出、笹部博司プロデュース）第一夜の公演開催される。第一夜の演目は、夢枕獏「ちょうちんが割れた話」「二ねん三くみの夜のブランコの話」／筒井康隆「如菩薩団」／半村良「箪笥」であった。
◆平成七年（1995）
一〇月、「小説新潮」に北村薫「百物語」掲載される。
◆平成八年（1996）
六月、「幻想文学」第四七号の特集「怪談ニッポン！」に、都筑道夫、中島らも、加門七海ほかによる「平成百物語」掲載される。

一二月、『恐くて不思議な話が好き——白石加代子の百物語』（劇書房）刊行。
◆平成九年（1997）
七月、東雅夫編『文藝百物語』（ぶんか社）刊行。加門七海、菊地秀行、篠田節子ほか七名のホラー作家による百物語ドキュメント。

七月、「オール讀物」に阿刀田高「百物語」掲載される。

七月、倉阪鬼一郎『百鬼譚の夜』（出版芸術社）刊行。

七月、木谷恭介『京都百物語殺人事件』（双葉社）刊行。

一〇月、「怪」で京極夏彦「巷説百物語」の連載開始（～九九年）。
◆平成一〇年（1998）
四月、野村純一『昔話の森——桃太郎から百物語まで』（大修館書店）刊行。

九月、「ダ・ヴィンチ」に加門七海監修「作家たちが語った　再現『百物語』」掲載される。
◆平成一二年（2000）
三月、百物語小説「怪談」を書き下ろし収録した福澤徹三の短篇集『幻日』（ブロンズ社）刊行。

◆平成一三年（2001）
七月、東雅夫『百物語の百怪』（同朋舎）刊行。同書は二〇〇七年に『百物語の怪談史』と改題され、角川ソフィア文庫より再刊、一三年に電子書籍化された。

八月、「幻想文学」第六一号の特集「百物語文学誌」刊行。

八月、三津田信三『ホラー作家の棲む家』（講談社）刊行。

一一月、水野葉舟『遠野物語の周辺』（横山茂雄編／国書刊行会）刊行。
◆平成一六年（2004）
一月一五日、京極夏彦、百物語小説『後巷説百物語』（角川書店）で第一三〇回直木賞を受賞。
◆平成一七年（2005）
三月、東雅夫編『闇夜に怪を語れば――百物語ホラー傑作選』（角川ホラー文庫）刊行。

一一月、『江戸諸国百物語』東日本編・西日本編（人文社）刊行。
◆平成一九年（2007）
二月、加門七海・福澤徹三・東雅夫編『てのひら怪談 ビーケーワン怪談大賞傑作選』（ポプラ社）刊行。ネットベースの八〇〇字怪談をバーチュアル百物語形式で収録。

三月、「小説NON」に森見登美彦「百物語」掲載される。

七月、東雅夫編『文豪怪談傑作選・特別篇 百物語怪談会』（ちくま文庫）刊行。
◆平成二〇年（2008）
七月、宮部みゆき『おそろし 三島屋変調百物語事始』（角川書店）刊行。
◆平成二一年（2009）
七月、東雅夫編『文豪怪談傑作選・特別篇 鏡花百物語集』（ちくま文庫）刊行。

七月、福澤徹三『黒い百物語 叫び』（メディアファクトリー）刊行。

八月一五日、NHK総合テレビで『日本怪談百物語』（企画監修・東雅夫）放送される。好評をうけて翌年、翌々年も放送。
◆平成二二年（2010）
七月、宮部みゆき『あんじゅう 三島屋変調百物語事続』（中央公論新社）刊行。

一一月、東雅夫監修『女たちの怪談百物語』（メディアファクトリー）刊行。
◆平成二三年（2011）

八月、黒木あるじ『無惨百物語　ゆるさない』（MF文庫ダ・ヴィンチ）刊行。
◆平成二四年（2012）
一〇月、東雅夫監修『男たちの怪談百物語』（メディアファクトリー）刊行。
◆平成二五年（2013）
六月、宮部みゆき『泣き童子　三島屋変調百物語　参之続』（文藝春秋）刊行。
◆平成二六年（2014）
五月、白石加代子「百物語」シリーズのファイナル公演にちなみ、亀戸文化センターで、史上初の百物語講座となる「百物語の世界」（講師は東雅夫、笹部博司）開催される。

＊本年表作成にあたり、岩波書店版『新編　泉鏡花集　別巻二』所収の「年譜」（吉田昌志編）、勉誠出版版『柳田國男事典』、国書刊行会版『明治期怪異妖怪記事資料集成』（湯本豪一編）、太刀川清『近世怪異小説研究』（笠間書院）、横山泰子『江戸東京の怪談文化の成立と変遷』（風間書房）、一柳廣孝・近藤瑞木編『幕末明治　百物語』（国書刊行会）ほか多数の文献資料を参照しました。記して感謝します。（編者）

あとがき

怪談、幽霊、妖怪……かつてそんなことに関わっていると「いい大人がくだらない」と言われかねなかったこれらのテーマは、このところずっとブームである。いやずっとならばブームなどではなく、きわめて現代的かつ普遍的なテーマであるというべきだろう。だから、ディスカッションの最後に京極夏彦氏が言われたように、「いま怪異を扱わない大学はない」という現象が起こっているにちがいない。そこには昨今苦境にある人文社会系学部からの一般の人々へのすり寄りを見ることは不可能ではないだろうが、それがそもそも一過性のブームなのではなく、普遍的なテーマならば、人文系の学問がそれに取り組むのはきわめて当たり前のことだともいえる。「くだらない」といわれた背景には、「そんなことが何の役に立つのか」という価値判断があったのだろうが、そもそもすべてが「役に立つ」という基準だけで淘汰されるようになったら、人間の文化は終わりだろう。もちろん大学は高等教育機関として、有意義な教育をする必要があり、その説明責任も負っているが、学問はまず「面白い」と思うことから始まることを忘れてはいけない。そして、怪談や幽霊や妖怪は、あるいはそれらについて調べ、考えることは、面白いからこそ続いているのだろう。

このシンポジウムのテーマは、文芸学部で事務に携わってくれている人たちとの雑談から生まれた。昨年「成城と本格推理小説」という連続講座があったこともあり、単に研究者が専門について語るのではなく、小説などと連携した内容が探られていた。そのときに学部長秘書が発した「妖怪なんてどうですか」という一言がきっかけである。実は成城大学は柳田國男の蔵書を受け入れており、当初は柳田を中心にすることも考えられたが、文芸学部の複数の領域にまたがり、かつより多くの人たちに興味を持ってもらえるテーマというところから、「怪異」が選ばれた。作家としては京極夏彦氏が最初に候補に挙がったものの、大学との関係がなく、難しいのではないかと考えていたが、東雅夫氏にご紹介いただき、快く参加していただけた。その東氏とは学生時代からのおつきあいで、『幻想文学』編集長をなさっていたころにもずいぶんお世話になっており、感謝に堪えない。また、本学部の文化史専攻の俵木悟准教授からは、大学院に常光徹先生が出向されているので、ぜひお願いしたらどうかという情報をいただき、誠に豪華なゲストをそろえることができた。

こうした外のパネラーの知名度に加え、二〇一五年の夏に東京藝術大学大学美術館で『うらめしや〜、冥途のみやげ』という幽霊画展を開催していた東京新聞文化事業部さんには、チラシ配布などでご協力いただき、また東さんには、編集にたずさわっていらっしゃる雑誌『幽』のツイッターなどで触れていただき、このシンポジウムは実に多くの方にご参加いただくことができた。当初の予定では三〇〇人前後収容できる教室を準備していたが、あまりの反響に、急遽千人を収容できる澤柳記念講堂に会場を変更した。

シンポジウムのポスターには、大学図書館で所蔵している江戸時代の『怪奇鳥獣図巻』のイメージを用いることになったが、それを機会にこの絵巻を図書館で展示し、かつそれを用いたクリアー・フォルダーとしおりも制作できることになった。これらのグッズは当日シンポジウムにご参加いただいた皆様にも差し上げることができた。ポスターを初め素晴らしいデザインを提供してくださった櫻井印刷さんに感謝したい。

この『怪奇鳥獣図巻』は、これまでにもその全図版がカラーで紹介され、中国古代の『山海経』に基づくもの考えられていた。しかしそこには違いも少なくなく、近年の研究では、「日用類書」と通称される明清時代の民衆百科事典の中の「山海異物」と称する想像上の動物の項目に基づくものだということが明らかになった。様式としては、波や岩の描き方に明らかな狩野派の画法が認められ、特に最後の龍馬などは、狩野探幽《飛禽走獣図巻》（東京国立博物館）に描かれた龍と思われる動物ときわめて近いことも今回確認された。図書館の展示ではこうした研究成果の紹介と合わせて、関連図書や狩野派の粉本などを組み合わせた。「山海異物」に基づく画巻や絵本は他にも知られており、いつかそれらを通覧して紹介できる機会が訪れることを期待している。

二〇一六年一〇月一日

喜多崎 親

シンポジウム「怪異を語る」ポスター

パネリスト紹介

京極 夏彦［きょうごく なつひこ］
小説家・意匠家。北海道生まれ。北海道生まれ。全日本妖怪推進委員会肝煎。『水木しげる漫画大全集』（講談社）監修。一九九四年『姑獲鳥の夏』でデビュー。一九九六年『魍魎の匣』で第四九回日本推理作家協会賞長編部門受賞。一九九七年『嗤う伊右衛門』で第二五回泉鏡花賞受賞。二〇〇三年『覘き小平次』で第一六回山本周五郎賞を受賞。二〇〇四年『後巷説百物語』で第一三〇回直木賞受賞。二〇一一年『西巷説百物語』で第二四回柴田錬三郎賞受賞。

常光 徹［つねみつ とおる］
専攻は民俗学。文筆家。國學院大学を卒業後、都内の中学校教員をへて国立歴史民俗博物館教授・総合研究大学院大学教授。現在は名誉教授。博士（民俗学）。著書に『学校の怪談――口承文芸の展開と諸相』（ミネルヴァ書房、一九九三年）、『妖怪の通り道――俗信の想像力』（吉川弘文館、二〇一三年）、『しぐさの民俗学』（角川ソフィア文庫、二〇一六年）、『折々の民俗学』（河出書房新社、二〇一六年）ほか。児童書に『学校の怪談』シリーズ（講談社）など。

東 雅夫［ひがし まさお］
アンソロジスト、文芸評論家。早稲田大学日本文学科卒。『幻想文学』編集長を経て、現在は怪談専門誌『幽』編集顧問。ふるさと怪談トークライブ代表。著書『遠野物語と怪談の時代』（角川選書、二〇一〇年）で日本推理作家協会賞（評論その他部門）を受賞。著書に『文学の極意は怪談である』（筑摩書房、二〇一二年）、編纂書に『たそがれの人間　佐藤春夫怪異小品集』（平凡社ライブラリー、二〇一五年）、監修書に『怪談えほん』シリーズ（岩崎書店、二〇一一年）ほか多数。

太田晋［おおた しん］

成城大学法学部教授・英文学。東京大学大学院人文科学研究科単位取得退学。専門はモダニズム以降の小説を中心とした英語文学。訳書にリチャード・クライン『煙草は崇高である』（共訳、太田出版、一九九七年）、ハイメ・マンリケ『優男たち　アレナス、ロルカ、プイグ、そして私』（青土社、二〇〇六年）、ロバート・イーグルストン『ホロコーストとポストモダン　歴史・文学・哲学はどう応答したか』（共訳、みすず書房、二〇一三年）など。

喜多崎親［きたざき ちかし］

成城大学文芸学部教授・美術史。早稲田大学大学院文学研究科博士課程中退。国立西洋美術館主任研究官、一橋大学大学院言語社会研究科教授などを経て、現在成城大学文芸学部教授。博士（文学）。専門は一九世紀フランス美術史。著書に『聖性の転位——一九世紀フランスに於ける宗教画の変貌』（三元社、二〇一一年）、編著書に『近代の都市と芸術２　パリⅠ——一九世紀の首都』（竹林舎、二〇一四年）、『岩波 西洋美術用語辞典』（益田朋幸と共編著、岩波書店、二〇〇五年）など。

佐藤光重［さとう みつしげ］

文芸学部准教授・米文学。慶応義塾大学文学研究科単位取得退学、博士（文学）。専門はアメリカ植民地時代のピューリタン文学、ベンジャミン・フランクリン研究、ヘンリー・ソローを中心としたネイチャー・ライティング研究。

怪異《かいい》を語《かた》る——伝承と創作のあいだで

著者　京極夏彦・常光徹・東雅夫・太田晋・喜多崎親

編集　喜多崎親

発行日　２０１７年３月10日　初版第１刷発行
２０１７年３月28日　初版第２刷発行

発行所　株式会社 三元社
東京都文京区本郷１—28—36 鳳明ビル
電話03-5803-4155／Fax 03-5803-4156

印刷＋製本　シナノ印刷 株式会社

コード　ISBN978-4-88303-422-2